弁護士の交渉学

事例にみる
実践的交渉スキル

ぎょうせい

はしがき

弁護士は、さまざまな法的紛争についての交渉の依頼を受けますが、その相手が当事者本人である場合は、依頼者が早期・円満な解決を試みて散々努力を重ねたものの埒が明かず、いわば匙を投げた末であることがほとんどです。したがって、弁護士が依頼を受けた交渉は、当初から一般の人が行う交渉よりも相当に難易度が高く、弁護士の鶴の一声で急転直下解決したなどということは万に一つの僥倖にすぎません。また、交渉相手が弁護士の場合は、双方の法律論の優劣で勝負が決まるのがほとんどですが、不運にも個性の強い弁護士に当たると、当事者本人との交渉と変わらない、あるいはそれ以上の苦労を強いられます。そして、時代の進化とともに、紛争解決までの時間とコストを最小化させる依頼者側の要求が厳しくなっていること、弁護士の活動領域が伝統的な法廷活動から裁判外の活動に大きく拡大していること等が、弁護士の交渉の重要度をますます高めています。

このように見ていくと、法的な交渉力または交渉術は、弁護士にとって極めて重要な位置づけがなされるべき分野であることは明らかです。ところが、鉄棒の教則本を読んだだけで誰もが大車輪をできるようにならないのと同じように、弁護士の交渉力・交渉術は、理論を叙述した本を一読したくらいで一朝一夕に身につくものでないことは誰もが知っています。それでは、料理や美術工芸等の世界で伝承されているように、名匠の仕事ぶりを観察してその技術を盗んで体得していくほかないのかと嘆息すべきなのでしょうか。私たち３名は、不遜にも、弁護士登録をして間もない若手弁護士に対し、そのような嘆息をし続ける必要はなく、「この本を読めば何らかのヒントをつかむことができますよ」と語りかけてみたいと考えました。

そして、私たちは、弁護士の交渉に的を絞った分かりやすく実践的な類書がほとんどない中で、若手弁護士のニーズにいかにマッチした内容にするかについて、幾度となくディスカッションを重ねた結果、次頁の［本書のConcept］にある７つの執筆方針を定めることができました。これに基づき、私たちは、暗闇を手探りで進むような状況下で原稿検討会議を重ねていき、ようやくここに、若手弁護士のお役に立てるレベルの原稿を完成させることができましたので、『弁護士の失敗学』『弁護士の周辺学』『弁護士の経験学』と続いた「○○学」シリーズの第４弾として刊行することにいたしました。前３著は極めて多くの読者から実に温かい評価をいただきましたが、本書についても、同じように多くの読者に恵まれ、かつ、温かい評価をいただけるよう切に願っています。

終わりに、本書刊行について、企画段階から実に適切なアドバイスをいただいた、株式会社ぎょうせいの皆さまに深甚なる謝意を表します。

令和５年９月７日

髙　中　正　彦
川　口　智　也
西　田　弥　代

本書のConcept

1

抽象的あるいは高邁な理論の叙述は避け、具体的なケースにおける弁護士のナマの交渉場面を描くように努めました。私たちには高邁な交渉理論を語る能力がないことが原因ですが、若手弁護士にとっては具体的な交渉現場が見えた方が分かりやすいと考えたためでもあります。

2

「事件類型別の交渉学」と題する第１編と「現場に学ぶ交渉術」と題する第２編とに分けてみました。第１編では、ナマの交渉場面を［Scene］として提示し、［Review］において交渉場面中に伏在する問題点についてのアドバイスを行うようにしました。［Review］は、本書の核心を成していますから、ここから弁護士の交渉力・交渉術の一端を学びとっていただきたいと願っています。

3

叙述の対象を紛争解決型の法的交渉に限定しました。弁護士は紛争を前提としない取引契約型交渉も手がけますが、若手の弁護士が広くそれを受任しているとは思われなかったからです。

4

第１編について、対象とする事件類型を、若手弁護士が広く受任していると認められる交通事故事件、離婚事件、遺産分割事件、不動産事件、倒産事件の順に取り上げました。解雇撤回等の労働事件、Ｍ＆Ａ等の企業再編事件等は若手弁護士が広く手がけていないと考え、除きました。また、定型的あるいはマニュアル的交渉が大半となっている債権回収事件・多重債務整理事件等も対象外としています。

5

これも第１編についてですが、鮮やかな交渉によって瞬く間に目を見張るような解決をしたケースではなく、泥臭い交渉を重ねたものの最終的には調停や訴訟等の裁判手続に移行させていくケースを念頭に置きました。交渉だけで見事な解決を勝ち取った名人芸的な実績を私たちがほとんど持ち合わせていないことが主因ですが、若手弁護士は、名人芸を知りたいのではなく、いかに混乱ないし炎上を招かないように交渉するかに大きな関心があると考えたためです。

6

第１編中に、私たちが体験したあるいは聞き及んだ失敗談（稀に成功談）や蘊蓄を、［Column］の形で叙述してみました。大成功を導いた交渉は誰もが容易に真似することができないのが通例なのに対し、失敗した交渉は、誰もが身につまされ他山の石にすることができると思います。

7

第２編についてですが、髙中が、事例を通してさまざまな交渉術を紹介し、それに簡単なコメントを付けたいわば雑記帳を置いてみました。交渉方針を検討する際の端緒として、また、５つの事件類型の叙述を読まれた後の頭の整理としての意味があるのではないかと思います。

目次

はしがき
本書のConcept
執筆者紹介

第１編　事件類型別の交渉学

序　章　弁護士と交渉 —— 2

❶ 弁護士が担う交渉の特徴 —— 2
❷ 第１編で取り上げた５つの事件類型 —— 3
❸ 交渉上手になるための 14 の力 —— 5

第１章　交通事故事件の交渉学 —— 8

序 交渉のガイド —— 8
❶ 被害者本人との交渉 —— 10

Scene 1　依頼者と打ち合わせる —— 10
[Review] 1　相手方の様子をよく聞き取る —— 11
Scene 2　相手方に受任の連絡をする —— 11
[Review] 1　被害者との最初のコンタクトは慎重に —— 11
2　受任通知の記載に留意する —— 13
3　受任通知の送付方法を考える —— 13
Scene 3　相手方と事務所で交渉する —— 16
[Review] 1　相手のペースにのらない —— 17
2　謝罪の言葉は慎重に —— 17
3　相手方とメールでやりとりするか —— 18
Scene 4　依頼者と方針を協議する —— 20
Scene 5　相手方に書面で連絡する —— 21
[Review] 1　通知には余計なことを書かない —— 21
Scene 6　相手方と電話で交渉する —— 23
[Review] 1　依頼者の過去の発言を持ち出された場合の対応に留意する —— 24

2　電話を切るタイミングを逃さない —— 24

❷　**反社会的勢力との交渉** —— 26

Scene 1　**相手方に電話連絡する** —— 26

[Review] 1　相手方との面会場所は慎重に選定する —— 27

2　場所設定の言い回しを検討しておく —— 28

3　時間設定の言い回しに気をつける —— 28

4　共同受任を考える —— 28

Scene 2　**相手方とホテルで示談交渉する** —— 29

[Review] 1　説明を聞かない相手方に対する説明を考える —— 31

2　不当な要求をされたときにどうするか —— 31

3　交渉場面を録音するか —— 32

4　交渉に関する費用の支払に気をつける —— 32

❸　**損害保険会社との交渉** —— 34

Scene 1　**相手方保険会社と交渉する** —— 35

[Review] 1　マニュアル人間に対しても交渉の余地はある —— 36

2　依頼者に任意交渉打ち切りをどう説明するか —— 36

第２章　離婚事件の交渉学 —— 38

序　**交渉のガイド** —— 38

❶　**不貞をした配偶者との交渉** —— 41

Scene 1　**依頼者と打ち合わせる** —— 41

[Review] 1　依頼者が方針を決断できないときにどうするか —— 42

2　相手の悪口はほどほどに —— 43

3　不貞相手に対する損害賠償請求のタイミングは —— 43

Scene 2　**相手方に受任の連絡をする** —— 44

[Review] 1　同居の配偶者への連絡方法はどうするか —— 45

2　電話をかける時間帯を選ぶ —— 45

3　留守番電話に残すメッセージ —— 46

4　電話がつながらない場合はどうするか —— 46

5　相手方の勤務先への電話はしない —— 46

Scene 3 **相手方に不貞行為の有無を確認する** —— 47
［Review］ 1 調査事務所の報告書の取扱いには注意する —— 48
2 手の内を見せる時期はいつか —— 49
3 シラを切る相手方にどうアプローチするか —— 49
4 依頼者と相手方の直接交渉をどう回避するか —— 50
Scene 4 **相手方の方針を確認する** —— 50
［Review］ 1 相手方本人の法律情報量を見くびらない —— 51
2 子の親権の争奪戦は法的手続で —— 51
3 慰謝料額の対立による交渉拒絶にどう対応するか —— 52
Scene 5 **依頼者の意向を確認する** —— 52
［Review］ 1 依頼者の愚痴をどこで遮るか —— 54
2 慰謝料についての過度な期待を制する —— 54
Scene 6 **依頼者と方針を協議する** —— 55
［Review］ 1 依頼者の過大な希望にどう対応するか —— 57
2 依頼者の要求事項に優先順位をつける —— 57
Scene 7 **相手方と交渉する** —— 58
［Review］ 1 婚姻関係財産一覧表を作成して提示する —— 59
2 「弁護士としての提案」の使いどころは —— 60
3 小刻みな金額の駆け引きは避ける —— 60
4 相手方から提案を引き出す —— 60

❷ 資産・収入を開示しない配偶者との交渉 —— 62

Scene 1 **依頼者と打ち合わせる** —— 62
［Review］ 1 配偶者名義資産をどう聞き出すか —— 64
2 財産がほとんどない人へどう対応するか —— 65
3 別居開始後の無断帰宅をさせない —— 65
Scene 2 **相手方に電話連絡する** —— 66
［Review］ 1 電話による長談義はしない —— 66
2 面談場所の選定は慎重に行う —— 67
Scene 3 **相手方と交渉する** —— 67
［Review］ 1 頑なな相手方にどう対応するか —— 68
2 理詰めの交渉と泣き落としの交渉の使い分け —— 69

Scene 4 **依頼者と方針を協議する** —— 69
［Review］1 依頼者に対して法律制度・実務運用をどう説明するか —— 70
2 依頼者にあきらめさせる説得はどうするか —— 71
3 時機を利用してまとめる —— 71
Scene 5 **相手方と支払金額を交渉する** —— 71
［Review］1 相手の法律知識を利用する —— 73
2 名を捨てて実を取る交渉を心がける —— 73
3 交渉相手のウィークポイントを攻める —— 73

❸ **離婚する気のない相手方との交渉** —— 76
Scene 1 **依頼者と打ち合わせる** —— 76
［Review］1 離婚の話し合いをしたことがない依頼者の対応は —— 77
Scene 2 **相手方と面談する** —— 78
［Review］1 相手方本人の考え方をよく聴取する —— 79
2 手札がない中で無理な交渉はしない —— 79
Scene 3 **依頼者と方針を協議する** —— 80
［Review］1 相手方本人との交渉の機会を生かす —— 81
2 依頼者に解決案を導き出してもらう —— 81
Scene 4 **依頼者を説得する** —— 82
［Review］1 目的実現のための思い切った案を示す —— 83
2 目から鱗の「決め台詞」で説得する —— 83
Scene 5 **相手方と交渉する** —— 84
［Review］1 財産一覧表を渡すかどうかを検討する —— 85
2 生活の不安を取り払うための説得をする —— 85
3 場面に応じて相手方に厳しい指摘をする —— 86

❹ **離婚原因がはっきりしない交渉** —— 87
Scene 1 **相手方と電話連絡する** —— 87
［Review］1 依頼者の話に不審な点があるときの対応 —— 88
2 依頼者を全く説得しない弁護士が増えている —— 88
3 依頼者から聞いていない話を突如されたとき —— 89
Scene 2 **依頼者と打ち合わせる** —— 89

[Review] 1　依頼者の嘘を見破る —— 90
2　依頼者から本当のことを聞き出す —— 91
Scene 3　**相手方と交渉する** —— 91
[Review] 1　交渉相手の怒りをどのように受け止めるか —— 92
2　想定外の提案を受けたときにどう対応するか —— 92
Scene 4　**依頼者と方針を協議する** —— 93
[Review] 1　何が問題解決の核心かを見抜く —— 94
2　依頼者を納得させる説得術を身につける —— 94
Scene 5　**相手方と金額の交渉をする** —— 95
[Review] 1　相手方の意表を突く回答をするための準備をする —— 96
2　慰謝料の送金と離婚届提出のタイミングを事前に検討する —— 96

第３章　遺産分割事件の交渉学 —— 98

序　**交渉のガイド** —— 98
❶　**弁護士の関与を嫌う相続人との交渉** —— 101
Scene 1　**相手方に電話連絡する** —— 101
[Review] 1　弁護士を頑なに拒絶する相手方にどう対応するか —— 102
2　時代錯誤の相続概念は一蹴する —— 103
Scene 2　**依頼者と打ち合わせる** —— 103
[Review] 1　調停の申立て前に相手方に連絡するか —— 104
2　相手方への通知の中に経緯と法的知識をちりばめる —— 104
Scene 3　**相手方と交渉する** —— 106
[Review] 1　喧嘩腰の相手に対し説明するか —— 106
2　売られた喧嘩を上手に買うには —— 107
❷　**遺産を隠す相続人との交渉** —— 109
Scene 1　**依頼者と打ち合わせる** —— 109
[Review] 1　相手方に対する通知に証拠のない事実を記載しない —— 110
Scene 2　**相手方と交渉する** —— 111
[Review] 1　悪感情剥き出しの人に冷静に対応する —— 112

2　法律論を無視する相手方に具体例を交えて説明する —— 112

❸　特別受益と寄与分にこだわる相続人との交渉 —— 114

Scene 1　相手方と協議する —— 114

[Review] 1　具体的な主張をぶつける —— 116

2　証拠収集との兼ね合いを見極める —— 116

Scene 2　依頼者と打ち合わせる —— 117

[Review] 1　証拠がない場合の見通しを説明する —— 118

2　証拠収集の担当者を分担する —— 119

3　自分の考えを絶対視する依頼者を説得するか —— 119

❹　部外者がいる相続人との交渉 —— 120

Scene 1　部外者が同席のもと相手方と打ち合わせる —— 120

[Review] 1　当事者以外の交渉参加に対応する —— 122

2　部外者を閉め出す —— 122

Scene 2　依頼者と打ち合わせる —— 123

[Review] 1　依頼者が相手方に連絡しないように釘をさす —— 124

2　経緯を相手方宛文書で残す —— 124

Scene 3　相手方と交渉する —— 125

[Review] 1　今後の手続から部外者を排除する —— 126

2　部外者に対して説明をする —— 126

第４章　不動産事件の交渉学 —— 128

序　交渉のガイド —— 128

❶　建物賃貸人・賃借人間の契約終了交渉（弁護士間交渉） —— 130

Scene 1　依頼者と打ち合わせる（賃貸人側） —— 130

[Review] 1　十分な法律知識を備えておく —— 132

2　交渉開始のタイミングを見極める —— 132

Scene 2　更新拒絶通知書を送付する（賃貸人側） —— 134

[Review] 1　初回の文書にどこまで書くか —— 136

2　交渉開始時にどこまで詰めておくか —— 136

Scene 3　依頼者と打ち合わせる（賃借人側） —— 137

[Review] 1　交渉開始までにどこまで詰めておくか ―― 138
Scene 4　**弁護士どうしで電話連絡する** ―― 139
[Review] 1　電話で交渉するか、面会して交渉するか ―― 140
2　交渉場所はどうするか ―― 140
Scene 5　**弁護士どうしで交渉する** ―― 141
[Review] 1　交渉の場を有益な場とするために ―― 142
2　相手の言動を利用して交渉の流れをつかむ ―― 143

❷　建物賃貸人と建物賃借人の契約解除後の明渡し交渉（本人交渉） ―― 145

Scene 1　**依頼者と打ち合わせる** ―― 145
[Review] 1　方針選択は慎重にする ―― 146
2　明渡しを求める場合は迅速にする ―― 148
Scene 2　**依頼者と方針を協議する** ―― 148
[Review] 1　交渉先行か、訴訟提起先行か ―― 149
2　明渡しの実現と未払賃料回収との優先順位をつける ―― 149
3　連帯保証人をどのように位置づけるか ―― 150
Scene 3　**相手方と交渉する** ―― 150
[Review] 1　置かれている状況を正確に理解させる ―― 151
Scene 4　**相手方に状況を説明する** ―― 152
[Review] 1　優先順位の低い交渉事項でも簡単にはあきらめない ―― 153
2　相手に対するアドバイスが有益なこともある ―― 154

第５章　倒産事件の交渉学 ―― 156

序　交渉のガイド ―― 156

❶　破産申立事件における債権者との交渉 ―― 158

Scene 1　**申立て前に打ち合わせる** ―― 158
[Review] 1　債権者の属性チェックを怠らない ―― 160
2　準備は静かに潜行する ―― 160
Scene 2　**破産申立てをする** ―― 160
[Review] 1　財産散逸防止義務を疎かにしてはならない ―― 161
2　破産申立ての通知書に何を記載してどこに送るか ―― 163

Scene 3 **債権者と交渉する（アウトロー編）** —— 163
［Review］ 1 アウトローとの交渉イロハ —— 164
2 電話にどう応対し、どう切るか —— 165
3 「これから事務所に行くぞ」にどう対応するか —— 165
Scene 4 **債権者と交渉する（自己中心的な債権者編）** —— 167
［Review］ 1 自己中心の債権者をどう説得するか —— 168
2 無理難題を突きつける債権者にどう対応するか —— 168
Scene 5 **債権者と交渉する（怒鳴る債権者編）** —— 169
［Review］ 1 破産会社の代わりを求める債権者にどう対応するか —— 170
2 怒鳴り出す債権者にどう対応するか —— 170
Scene 6 **債権者と交渉する（金融機関編）** —— 170
［Review］ 1 金融機関がよく言うこととは —— 171
2 申立て前において金融機関とどう対応するか —— 172
Scene 7 **債権者と交渉する（言質をとりたがる債権者編）** —— 172
［Review］ 1 言質をとりたがる債権者にどう対応するか —— 173
2 できないことはできないと明言する —— 174

❷ 任意整理事件における債権者との交渉 —— 176

Scene 1 **依頼者と打ち合わせる** —— 176
［Review］ 1 ヤミ金外しの任意整理は可能か —— 177
2 配当可能性を見極めてから任意整理に着手する —— 178
Scene 2 **債権者集会を開催する** —— 178
［Review］ 1 債権者集会の会場はどう選定するか —— 181
2 債権者集会の会場設営はどうするか —— 182
3 債権者集会の資料として何を配布するか —— 182
4 債権者集会進行上の注意点は何か —— 182
5 混乱した債権者集会をどう切り上げるか —— 183
Scene 3 **ヤミ金と交渉する①** —— 184
［Review］ 1 ヤミ金に電話をする —— 184
Scene 4 **ヤミ金と交渉する②** —— 184
［Review］ 1 ヤミ金との交渉で注意することは —— 186
2 ヤミ金から依頼者への連絡をなくす —— 187

第２編　現場に学ぶ交渉術

序 弁護士が使う交渉術 —— 190
❶ 目くらまし術 —— 192
❷ 誠実アピール術 —— 194
❸ お百度参り術 —— 196
❹ すり替え術 —— 199
❺ 千里の道も一歩から術 —— 201
❻ 塵も積もれば術 —— 203
❼ 一点突破術 —— 205
❽ 泣き落とし術 —— 207
❾ 焦らし術 —— 209
❿ 大岡裁き術 —— 211
⓫ 急き立て術 —— 213
⓬ 先手必勝術 —— 215
⓭ 論点ずらし術 —— 217
⓮ 手ぶらで帰れない術 —— 219
⓯ 傷口に塩を塗る術 —— 221
⓰ 凸凹ペア術 —— 223
⓱ 目には目を術 —— 225
⓲ 責任放棄術 —— 227
⓳ 打切り宣言術 —— 229
⓴ ポーカーフェイス術 —— 231
㉑ 前言撤回術 —— 233
㉒ 二枚舌術 —— 235
㉓ 伝書鳩術 —— 237

Column

- 医者はそんなことしませんよ —— 7
- FAX の衰退 —— 15
- メールアドレスと名刺 —— 19
- 電話の姿勢 —— 25
- 巌流島への遅刻 —— 33
- 二枚舌 —— 61
- 聴取力を磨く —— 75
- ほどほど —— 97
- 交渉にこだわるか、早く見切りをつけるか —— 108
- たった一言 —— 113
- ハイアード・ガン —— 127
- ルーティンの効用？ —— 133
- 大切なのは３つ —— 144
- 司法試験基本書の活用 —— 155
- 技術の進歩 —— 166
- 転落 —— 175
- 「お代わりをいただけますか」 —— 188

執筆者紹介

髙中 正彦（たかなか・まさひこ）

東京弁護士会所属　千葉県生まれ

1974年３月　早稲田大学法学部卒業

1979年３月　弁護士登録

現在：髙中法律事務所

[著書]『弁護士法概説』（三省堂、2020年［第5版］）、『法曹倫理』（民事法研究会、2013年）、『判例弁護過誤』（弘文堂、2011年）、『弁護士の失敗学』（共著、ぎょうせい、2014年）、『弁護士の経験学』（同、2016年）、『弁護士の周辺学』（同、2021年［第2版］）、『弁護士の現場力 民事訴訟編』（同、2018年）、『弁護士の現場力 家事調停編』（同、2019年）、『新時代の弁護士倫理』（共編、有斐閣、2020年）、『裁判書類作成・尋問技術のチェックポイント』（共著、弘文堂、2022年）、『弁護士倫理のチェックポイント』（同、2023年）　ほか

川口 智也（かわぐち・ともや）

東京弁護士会所属　長崎県生まれ

2002年３月　東京大学法学部卒業

2007年３月　明治大学法科大学院卒業

2008年12月　弁護士登録

現在：新虎通り法律事務所

西田 弥代（にしだ・みよ）

東京弁護士会所属　神奈川県生まれ

2002年３月　慶應義塾大学法学部法律学科卒業

2007年３月　明治大学法科大学院卒業

2008年12月　弁護士登録

現在：隼あすか法律律事務所

[著書]『取締役になるときいちばん最初に読む本』（アニモ出版、2021年［改訂2版］）、『弁護士の周辺学』（共著、ぎょうせい、2021年［第2版］）、『弁護士の現場力 民事訴訟編』（同、2018年）、『弁護士の現場力 家事調停編』（同、2019年）　ほか

第1編

事件類型別の交渉学

序章
弁護士と交渉

1 弁護士が担う交渉の特徴

　交渉は、利害が対立する複数の当事者が、相互に説得を重ね、相互の利益を実現するための合意を形成していく手続ですが、そのうちの法的交渉は、交渉の対象が法的に規律ないしは解決されるべき題材のもの、交渉の方法が法的に規律されるべきものを指し、主に弁護士が交渉役を担うことになります。そして、弁護士が担う法的交渉の特徴を一言でいえば、紛争当事者が自分で交渉したものの埒が明かない案件、交渉内容が複雑高度なために専門的知見が必須である案件がほとんどだということだと考えます。分かりやすくいうと、一般の人が匙を投げる案件、一筋縄ではいかない案件でなければわざわざお金を出して弁護士に依頼はしないということです。そのような特徴をもつからこそ、依頼する側の交渉成立への期待は大きく、基本的にミスが許されないことにもなります。

❷ 第1編で取り上げた5つの事件類型

このような弁護士が行う法的交渉のうち、第１編では、交通事故事件、離婚事件、遺産分割事件、不動産事件、倒産事件の５つの事件を取り上げ、その中で弁護士が繰り広げるさまざまな交渉技法を叙述しました。

５つの事件の交渉における特徴をあげると、次のとおりです。

交通事故事件は、不法行為の相手方という見ず知らずの被害者との交渉であり、相手方の素性がよく分からず、どのような対応をしてくるのかが見通せないという不安要素がつきまといます。見知らぬ相手方との交渉は、被害者のある刑事事件における示談でも起こりますが、交通事故事件のうちの人身損害に関するものは、刑事事件と並行することがありますから、ここの叙述は、刑事事件の示談交渉にも当てはまります。

離婚事件は、結婚当初は仲のよかったものがやがて憎悪の感情を剥き出しにして激しくいがみ合うようになった夫婦の一方と交渉するわけですから、弁護士は敵対する側の身代わりとして厳しく難詰されることとなります。少しでも怯んだり手を緩めれば、今度は依頼者から厳しい言葉を投げつけられることになり、実に難しいのです。また、子がいるときの面接交渉、一方にDVがあるとき等は、こまかな事項も含めた連絡係も務めなければなりません。

遺産分割事件は、血を分けた兄弟姉妹間の欲と欲との激突であり、相互に遠慮会釈がありませんから、弁護士もその一方につくことによって相手から罵倒されることもしばしばです。相続事件の特徴は、法律論だけでは解決できない面が多くあることです。不動産、預金が主たる遺産である場合、誰が不動産を取得し誰が預金を取得するかは理屈が支配する法律論とは全く無関係です。法律専門家である弁護士は、どのように依頼者に接し、どのように相手方と交渉するかに悩むことも多くなります。

不動産事件は、多様な事件がありますが、賃貸借契約という契約関係にある人またはあった人を相手とする交渉に限定しました。そのような不動産事件では、交渉相手の人柄は事前にある程度知れていますが、いざ交渉を始めると思いもしない別の一面が露わになることが多いといえます。その意味で、想定外の展開をたどることも珍しくありません。

倒産事件は、法人の破産申立事件と個人の任意整理事件に限定しましたが、これらでは、多数の債権者との集団的交渉である点に特色があります。債権者集会では、多数の債権者が弁護士を取り囲んで次から次に質問や要求を突きつけてくるため、即断即決で対応しなければならない難しさがあります。また、倒産処理では公平を旨とするのに、個々の債権者は自己の利益実現を優先しますから、その説得交渉にはかなりのエネルギーと工夫を必要とします。

3 交渉上手になるための14の力

交渉上手になるために必要な「力」を順不同であげてみたいと思います。もちろん、私たちは、このすべてを兼ね備えた人を見たことはありません。そのいくつかを備えた人が上手な交渉をしているのですが、できるだけ多くの「力」を身につける努力は続けたいものです。

① 注意力

交渉相手の表情、言動、態度等の一挙一動に気を配ることのできる力

② 観察力

交渉相手の表情の変化が何を意味するか、言動が何を求めているか、態度の変化が何を原因としているか等を客観的に見る力

③ 洞察力

交渉相手の表情、言動、態度等を注意深く観察したうえ、相手が何を考え、何を望んでいるかを見抜く力

④ 忍耐力

交渉相手の言うことをいつまでも気を散らさずにひたすら聞くことのできる力

⑤ 自制力

交渉相手に対して何をいつ言うべきかをよく考え、すぐに反論したいとの欲望を抑えることのできる力

⑥ 識別力

交渉相手が次に何を言うかを一つも見逃さずに識別し、自分に有利な機会が到来したことを瞬時に選別することのできる力

⑦ 回避力

予想もしなかった状況や問題が突如現われてもそつなく受け答えをし、その場を切り抜けることができる力

⑧ 順応力

交渉相手の気まぐれ、思いつき、決めつけ等に対して調子を合わせ、時と場所に応じて柔軟に自らを変えることのできる力

⑨ 機知力

交渉相手の警戒心、敵愾心に対し、機知に富んだ対応をして場の雰囲気を和ませ、警戒心や敵愾心を解いてしまうことのできる力

⑩ 会話力

交渉相手と心を通じた会話をするための素材をたくさん持ち、それを時と場所に応じて駆使することのできる力

⑪ 鈍感力

交渉相手から予想もしなかった自己に不利な事実を突きつけられても、身じろぎ一つせずに鈍感に聞き流すことのできる力

⑫ 決断力

交渉相手との交渉を続けている中で、有利な結果を獲得できると判断したときには、迷うことなく最終決定をすることのできる力

⑬ 発想力

交渉相手の要求に対し、交渉相手はもちろんその他の一般人も考えもしないような慣例や常識にとらわれない斬新な案を発想できる力

⑭ 不変力

交渉相手が何を言おうがいったん決定したことは粘り強く貫き通すことのできる力

Column

医者はそんなことしませんよ

〔髙中正彦〕

頑固な依頼者を説得するときに、「○○法第○条にはこう書いてあり、判例はこうなっています」とか「それは実務では通用しません」とかいっても、「もっと分かりやすく説明してよ」とか「実務で通用するようにするのが弁護士の仕事ではないの」と反論されるのが落ちです。そういうとき、誰もが分かるたとえ話で説得すると依頼者も理解してくれるのですが、そのたとえ話にしばしば登場するのが医師の行動です。

たとえば、とても通らないような主張をしてほしいと譲らない依頼者を説得するとき、「医者に○○○の注射を打ち、○○○の薬を処方せよとせがんだことがありますか」「あなたのいわれるがままに注射を打ち薬を処方する医者を信用できますか」というと、結構黙ります。とどめは、「相談した友人は常にあなたの味方です。この世の中で医師と弁護士だけがあなたに不利なことをいうのですよ」という一言です。

また、「テレビドラマの弁護士は、依頼者と抱き合って勝利を喜びますが、先生は感情を出しませんね」等と言われたとき、「私は、依頼された事件に決して手は抜きません。しかし、ベストを尽くして負けたときに涙は流しません」といった後に、「担当した患者が死亡したときに、遺族と手を取り合って号泣する医者をあなたは信用しますか」と尋ねます。たいがいの依頼者は、黙ります。

医師の行動をたとえ話で使うと結構効果的なのですが、それは、弁護士、医師、聖職者が古来より三大プロフェッションとされてきた歴史があるからなのでしょう。もっとも、知り合いの医師に聞いたら、「この注射を打て、この薬を処方せよ」という患者が増え、閉口しているそうです。

第1章 交通事故事件の交渉学

序 交渉のガイド

交通事故事件の位置づけ

弁護士の交渉が多く行われている事件の一つとして、交通事故事件があります。交通取締法令の強化、自動車の衝突防止機能の進化、交通安全教育の強化等によって交通事故件数は減少傾向にありますが、それでもかなりの交通事故が今も起きています。そのうちの多くの交通事故の損害賠償問題は、損害保険会社の担当者による示談交渉で解決されていると思いますが、損害保険会社の提示額では納得できない案件は、当然弁護士に依頼が来ます。また、加害者が損害保険未加入の事故は、加害者本人が交渉相手となりますから、これも弁護士に依頼が来ることの多い類型となります。

弁護士は、一般的には交通事故の被害者側から依頼を受けることの方が多いと思われます。ただ、被害者側の代理人として加害者側と交渉する場合は、損害賠償に関する法理論の巧拙の比重が高く、それを離れた弁護士の交渉力ないし交渉術によって賠償金額が大きく変動することはあまりないといってよいでしょう。したがって、本書では、加害者側から依頼を受けたケースをまず取り上げることにし、被害者側の依頼を受ける場合は、交渉相手が損害保険会社のケースにしています。

交渉の前提となる法律知識の具備

被害者はもちろん、加害者の依頼によって交通事故に関する示談の交渉をするにあたっては、当然のことながら、交通賠償に関する法律的知識が不可欠です。『民事交通事故訴訟・損害賠償額算定基準』（公益財団法人日弁連交通事故相談センター東京支部編・いわゆる「赤い本」）、『民事交通訴訟における過失相殺率の認定基準〔第５版〕』（東京地裁民事交通訴訟研究会編・別冊判例タイムズ38号）の２冊は、必携の書籍であり、十分に読み込んでおく必要があります。そして、この２冊の理解をより深める実務書もかなり刊行されていますから、数冊読んでおくとなおよいでしょう。本書は、交渉力ないし交渉術を扱いますから、交通事故に関する法律的知識を具備していることを前提としています。

本章で取り上げる交渉場面

本章で取り上げる交渉場面は、**「被害者本人との交渉」「反社会的勢力との交渉」「損害保険会社担当者との交渉」**の３つとしました。このほかにも、損害保険会社の代理人弁護士との交渉がありますが、この場合は、法律理論が戦わされるのが主ですから、交渉力または交渉術の巧拙はあまり前面に出てこないように思います。そこで、これは対象から外しました。

第１の**「被害者本人との交渉」**は、加害者が損害保険未加入であったケースとし、被害者本人もかなり難しい人物として設定しました。最後は、交渉が決裂していますが、いかに混乱なく調停に移行させていくかの流れを学び取っていただければと思います。

第２の**「反社会的勢力との交渉」**については、損害保険会社の代理人として交渉にあたるケースにしました。暴力団対策法の徹底によって交通事故案件で暴力団員が被害者代理人として出てくることはかなり減少していますが、暴力団員自身が被害者になることは当然あり得ます。また、反社会的勢力は、暴力団以外にも存在しますから、このような人が交渉相手になることも避けられません。反社会的勢力との交渉で留意すべきは、言葉の一つひとつに細心の注意を払うことですが、その一端を紹介します。

第３の**「損害保険会社との交渉」**は、損害保険会社の方針あるいはマニュアルを墨守する担当者にいかに対応するかがメインとなります。担当者ともめて交渉が決裂すればすぐに損害保険会社の代理人弁護士が登場してきますので、その前段階での交渉を取り上げました。

❶ 被害者本人との交渉

［受任事件］

X（依頼者）は、休日にマイカーを運転していたが、前方の注視をほんの一時怠ってしまい、一時停止標識を見落して交差点内に進入し、右方向から進行してきたY（相手方）運転の自動車の側面に衝突してしまった。

ところが、Xは、運悪く自動車保険の更新手続をしていなかったため、損害保険会社の対人対物賠償保険を使えなかった。自ら交渉するのは荷が重いと感じ、Xは、友人を介して、A弁護士に示談交渉を依頼した。

▼ 事故状況図

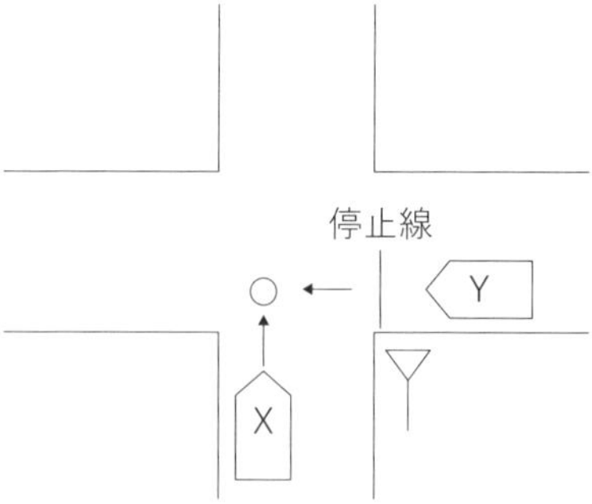

Scene1　依頼者と打ち合わせる

X　先生、よろしくお願いいたします。Yは、事故直後は「過ちは誰にもありますから」と優しい対応だったのですが、私が無保険と聞くと態度を変え、「治療費はもちろん、会社を休んだ損害、慰謝料はきちんと支払ってもらいますよ。車の修理費と代車代も分かり次第連絡しますから、すぐに支払ってくださいよ」と強気の姿勢に変わったんです。事故から1か月が経ちますが、何の連絡もなく不気味です。

A　Ｙの年齢と仕事は聞いていますか。　⇒Review1

X　事故直後に名刺交換をしたのですが、○○興業株式会社の営業課と書いてありました。ネットで調べたら、水商売の会社でした。年齢は、30歳前後かと思います。茶髪で、派手な色の背広を着ていました。

A　確かに何の連絡もないのは不気味ですね。早速私から受任通知を出してみます。

[Review]

1　相手方の様子をよく聞き取る

交通事故案件では、依頼者と相手方は事故時に初対面であることがほとんどです。したがって、相手方の氏素性や性格は分かりませんが、交渉のために少しでも相手方の様子が分かると、方針が立てやすくなります。相手方の発言内容や服装、態度など、依頼者から情報を聞き取ります。ただ、事故直後の依頼者は通常の精神状態とは異なっていたと考えられますので、そのまま鵜呑みにはしないように気をつけます。

Scene2　相手方に受任の連絡をする

Ａ弁護士は、ＸからＹの住所を聞き、Ｙの自宅へ次頁の受任通知を送付した。　⇒Review1

[Review]

1　被害者との最初のコンタクトは慎重に

交通事故の被害者と示談交渉をする場合に、まず課題となるのは、被害者である相手方に対する最初の連絡です。ケースではＸが事故時にＹの住所を聞いていましたが、聞いていないときは、交通事故証明書を取得して、Ｙの住所、電話番号、年齢を確認することになります。

依頼者が相手方の電話番号と住所の両方を入手している場合に、最初の

▼ 受任通知【要改善Ver.】

【要改善Ver.】

受　任　通　知

令和５年○月○○日

Ｙ　殿

東京都××区××丁目×番××号
凸凹ビル３階
Ａ法律事務所
電話　03－0000－0000番
Ｘ代理人
弁護士　　Ａ　　一　朗　㊞

前略

当職は、Ｘの代理人の弁護士です。令和５年○月○日に東京都○○区○○○丁目○番○号先交差点内で起きた交通事故につきまして、貴殿と示談交渉をしたいと思いますので、令和５年○月○日午前10時00分に当職の事務所までお越しください。

草々

連絡を電話にするか手紙にするかについては迷うところかもしれません。相手方から依頼者に対する電話連絡が頻繁にあり、依頼者が弁護士に依頼したことを早く知らせたがっている場合は、最速の伝達方法である電話にすることもあるでしょう。しかし、電話は、相手の顔が見えませんから、感情的な対応や攻撃的な対応をされる可能性を否定できません。電話をすることに躊躇するのはよくあることだと思います。

電話連絡を先行させるときであっても、弁護士のフルネームと漢字表記、連絡先等を記載した受任通知は、できる限り郵送することが望ましいといえます。文書を受け取ることで、相手方の安心や信頼を得るきっかけになりますし（得体のしれない弁護士から連絡がきたと思われない）、その後相手方から「連絡先が分からないから連絡しなかった」などと言われて交渉が遅延するリスクも軽減できます。

2　受任通知の記載に留意する

受任通知の冒頭に時候の挨拶を書くかについては、弁護士によって対応が分かれるところです。私たちの経験では、書かない弁護士が多い（特に若手の弁護士に多い）ように思われますが、ケース・バイ・ケースでしょう。たとえば、依頼者に非がある場合などは、相手方が礼儀を重視するタイプである可能性を踏まえ、記載した方がいい場合もあるでしょう。

A弁護士の受任通知【要改善Ver.】ですが、まず、タイトルの「受任通知」は、固くて相手方を警戒させてしまうような印象があります。「受任のご連絡」くらいが穏当でしょう。

また、「○月○日午前10時00分に法律事務所に来てほしい」という記載は、Yを一方的に呼びつけるような記載となっており、話したことのない交通事故の被害者への連絡としては、高圧的な態度にとらえられてしまいがちです。相手方の感情を必要以上に刺激しないように注意すべきです。本筋でないところで相手方を怒らせても意味がありません。ただ、たとえば不貞行為の相手方に対する交渉では、強い表現をすることがあり得ます。

今回のケースについての受任通知は、次頁の【改訂Ver.】の内容なら穏当といえるでしょう。

3　受任通知の送付方法を考える

相手方が個人の場合、相手方から特に希望がない限りは、最初からFAXでの連絡は控えた方がよいといえます。不躾な送付だと思われがちだからです。

相手方に郵送物を送る際に、簡易書留にするか、普通郵便にするか、レターパックにするかは、迷いどころです。特に決まりはありませんから、普通郵便でも十分なのですが、初回は、相手方が郵便を受領したことを確認できるように、配達証明付郵便やレターパックで送付することを考えるのがよいと思います。内容証明郵便で送付する弁護士もいるようですが、受取りをしないリスクもあります。内容証明郵便は、意思表示の到達を証

▼ **受任通知【改訂Ver.】**

【改訂Ver.】

受任のご連絡

※以下、本分部分

前略　突然のお手紙を差し上げ、失礼申し上げます。
　当職は、令和5年○月○日に東京都○○区○○○丁目○番○号先交差点内で起きた事故について、Xから貴殿との間の示談交渉を受任した弁護士です。
　今後についてのお話し合いのため、Y様とご面談させていただきたく存じます。

【パターンA　相手方に架電をお願いする場合】
　ご面談の日時と場所を取り決めたいと思いますので、お手数をおかけして恐縮ですが当職宛にお電話くださるようお願い申し上げます。

【パターンB　当方から架電する場合】
　ご面談日時と場所をご相談するため、交通事故証明書記載の貴殿の電話番号宛てに、○月○日から○月○日の間に、当職からお電話させていただきます。どうぞよろしくお願い申し上げます。

草々

明しなければならないときや依頼者が相手方から追い詰められていて警告をアピールしたいときなどには、効果的といえるでしょう。
　また、相手方からメールアドレスを聞いているとき、弁護士からメールを送ることはどうでしょうか。メールを送るとなると、弁護士のメールアドレスも知らせることになります。最近は、相手方とメールでやりとりする弁護士が増えており、簡単かつ迅速に連絡できる、すぐに回答をもらえるなど、メールにはメールなりの良さがあります。他方、郵送の利点としては、正式な受任通知であるという演出ができること、一定の信用度があること、送付期間などの間合いをとることで交渉しやすくなることなどもあります。事案に応じて使い分けるべきだと思います。

Column

FAXの衰退

【西田弥代】

これまで、裁判所や相手方との書面のやりとりには、FAXが活用されてきました。もっとも、裁判のIT化の取り組みが進んでいくと、今後はFAXの使用頻度は減少していくように思います。

FAXには、文書をほぼオンタイムで相手方に送ることができる、メールほどは手軽ではないため自分のペースを保って相手方とやりとりできるという利点があります。他方、FAXの最大の問題点は誤送信にあります。大手金融機関では、FAXによる送信が禁止されているようであり、個人情報保護の要請が強まるにつれ、FAXは過去の遺物になる可能性を秘めています。

誤送信についていえば、読者の中にも、現実に誤送信をしてしまったとか送信ボタンを押す直前で気がついてヒヤリとした経験がある方がいると思います。依頼者に対して守秘義務を負っている弁護士が誤送信してしまうと、懲戒問題にもなりえます。メールの送信では、送信ボタンを押してから時間をおいて発信したり、送信してよいか再度確認ボタンを表示させる等、ある程度誤送信を防止する工夫ができますが、FAXには一般的にそのような機能はなく、さらなる注意が必要です。

誤送信されたFAXをどうするかという問題もあります。相手方から、こちらが知らない有利な事実が記載されたFAXの誤送信を受けた場合、どのように行動すべきなのでしょうか。アメリカABAの「法律家職務模範規則」では、弁護士は自己の依頼者の代理に関連する文書を受領し、それが誤って送付されたことを知りまたは合理的に知りうべき場合には、速やかに送付者に知らせなければならないと規定されています（1規則第4．44条（b））。わが国では、まだ検討がなされていませんが、そのうちにFAXが絶滅し、メールの誤送信に移行してしまう可能性が高いように思います。

Scene3 相手方と事務所で交渉する

Ｙが、受任通知に記載した日時にＡ法律事務所を訪れ、交渉が始まった。

Ⓨ 話をする前に、受任通知を送りつけ、一方的に時間を指定したのはどういうことですか。また、お宅の事務所を指定した理由も説明してくださいよ。

Ⓐ それは、申し訳ありませんでした。ところで、お怪我の治療はいかがでしょうか。 ⇒Review1・2

Ⓨ 痛みが引かないんですよ。交通事故に遭った友人に聞いたら、損保会社では治療費と整骨院の施術費、休業損害は中途でも支払ってくれたそうですよ。ここに領収証を持ってきましたので、同じように支払ってくれませんか。自動車の修理代とレンタカー代は、加害者の弁護士から連絡がいくと業者にいってあるんで、よろしくお願いしますよ。

Ⓐ Ｘからお聞きになっていると思いますが、Ｘは保険が切れていたため、損保会社のような内払いをせずに、Ｙさんの治療が終わったときにすべてを解決することにしたいと考えているのですが、いかがでしょうか。

Ⓨ 保険が切れていたのは、私には関係のないことですね。損保会社と同じことをしてくださいよ。

Ⓐ そうですか。それでは、Ｘとどうするかを協議して私から手紙を送るようにいたします。

Ⓨ 携帯への電話でいいですよ。あるいは、メールでもかまいませんよ。 ⇒Review3

Ⓐ Ｘの考えを正確にお伝えするにはやはり文書だと思います。○月○日までには郵送しますので、それをお待ちいただければと思います。

［Review］

1　相手のペースにのらない

まず、Ａ弁護士は、受任通知の記載にクレームをつけてきたことについて、簡単に謝って、直ちに怪我の具合はどうかとの質問に入っています。Ｙは、さまざまなクレームをつけて賠償金をつり上げていく戦術と思われるのですが、これを上手にかわすことができているのは、良い点といえるでしょう。Ｙの詰問に対し、「私はいつもそういうやり方をしているので、それを踏襲したまでです」とか「一方的に指定したつもりはありません。都合が悪ければ当然変更することにしていました」等と返せば、火に油の状態になることは必至でしょう。

2　謝罪の言葉は慎重に

ただ、Ａ弁護士の「申し訳ありませんでした」の言葉にＹが突っ込んでこなかったのは幸いだった面があります。本当に狡猾な人は、謝罪の言葉を聞き逃しません。「申し訳ないなら、どうしてくれるんだ」と詰め寄る人も結構いますから、簡単に謝るのも相手方のキャラクターによると思います。弁護士は、自分の書いた書面の内容、話した言葉について謝罪するのは、慎重に判断すべきでしょう。

また、相手方から、依頼者の言動に関して強く謝罪を求められた場合、たとえば、交通事故の死亡案件では、遺族の被害感情が激していることが多く、弁護士にも厳しく当たってきます。そのようなとき、たとえば、「（依頼者から）法的解決の依頼を受けており、謝罪は受任していません」など言ってその場をおさめることもあります。また、このような正論がかえって遺族を激高させるおそれが強いときは、「改めて出直しさせていただきます」といって交渉をあきらめるべきでしょう。

3　相手方とメールでやりとりするか

A弁護士が、携帯電話あるいはメールによる連絡を断って書面にするというのは、よい対応だと思います。電話は、即断即決をしなければならない通信手段であり、弁護士の考えを正確に伝えられない欠点がありますし、顔が見えないために激しい言葉のやりとりに発展する可能性もあります。電話であれだけ怒鳴っていたのに、いざ面会すると結構おとなしかったという経験があるのではないでしょうか。

相手方とメールでやりとりするかについては、悩みどころでしょう。一歩立ち止まって冷静に考えた末のメールがなかなかできないことや、相手方から波状攻撃的に連絡がくるのを避けることから、相手方との交渉にメールを使用しない弁護士がいます。しかし、他方で、すべてメールでやりとりする弁護士も相当に増えてきたようです。IT化が著しく進む中、紙媒体を原則的に拒否し、メールですべての意思疎通をすることに違和感をもたない弁護士が増えているのかもしれません。

いずれにしても、A弁護士がYからの電話による連絡を断ったのはよかったと思います。

Column

メールアドレスと名刺

〔西田弥代〕

依頼者や相手方にメールアドレスを教えるか、事務所のホームページにメールアドレスを載せるかは、悩ましい問題です。

最近は、依頼者にはメールアドレスを教える弁護士がほとんどだと思います。会社が依頼者の場合は、メールによる通信は必須となっています。各種の書面も添付ファイルで送信し、大部の書類でなければ郵便は使いません。個人が依頼者の場合でも、ごく一部の人がメールをしないだけで、高齢者も進んでメールを使っています。営業ツールとして使用する名刺にメールアドレスを記載していない弁護士は、稀な存在だと思います。

それでは、交渉の相手方にメールアドレスを教えるか。相手方に面会して交渉する場合には名刺を渡すのが通常でしょう。その名刺にメールアドレスを載せていれば、少なくともその時点でメールアドレスが判明してしまいますから、その後相手方からメールが届いたときに、これを無視するわけにはいきません。相手方とメールで連絡をとりたくない場合は、メールアドレスのない名刺を作るか、名刺を渡す際にメールでのやりとりは受け付けていないというかのどちらかでしょう。相手方のキャラクターによりますが、一度メールアドレスを教えると、波状攻撃的に連絡がくるようになってしまったり、揚げ足とりをされる機会が増えることも考えられます。少なくとも、相手方とメールをやりとりするかは慎重に判断する必要がありそうです。

また、ホームページにメールアドレスを載せるかですが、掲載すると、営業メールが届いたり、飛び込みの依頼がきたり(これは良し悪しですが)、メールアドレスを教えていない相手方にメールアドレスが判明してメールによる連絡がくることなどがあります。最近は、スパムメールによる被害も増えていますので、安易に掲載せずに、ウイルス対策ソフトの強化などを前提に検討した方がよいかもしれません。

Scene4　依頼者と方針を協議する

Ｙとの面談を終えたＡ弁護士は、Ｘに事務所に来てもらい、面談経過を報告し、今後の対応方針を協議した。

Ａ　Ｙは、友人から交通事故示談に関する情報をとっているようですよ。また、当然にインターネットでかなりの法的知識も得ていると思われますね。

Ｘ　Ｙがいっている内払いは必要なのでしょうか。私は、あまり貯金がなく、最後の示談段階で親から借金しようと考えていたのですが。

Ａ　内払いをする法的義務はありませんが、それをしないとＹを感情的にさせることは避けられないでしょう。内払いのデメリットは、Ｙが味を占めて治療を長期化させ、内払いを数回にわたって請求し、賠償金をつり上げることでしょうか。

Ｘ　先生はどうしたらよいと考えますか。

Ａ　本件の交通事故の態様を見ますと、Ｘさんに100%の過失があるとは思えません。別冊判例タイムズ38号の「過失相殺率の認定基準」を見ますと、Ｙにも過失があると考えられますね。しかし、Ｙの過失を30%と見て、いわゆる「赤い本」にしたがって事故時から本日までの人身損害を仮に算定してみると、50万円を下回ることはあり得ないと思います。そうすると、中間金として50万円を支払い、あとは治療終了後に支払うとすることはあってもよいように思います。もちろん、内払いに関する書面の取り交わしは必須ですが。

Ｘ　Ｙが50万円の内払いを拒否してきたら、どうするのですか。

Ⓐ　損害賠償債務確定の調停申立てをしようと考えています。Ｙについては、過失相殺の問題もありますし、損害額算定の問題もあります。自動車の修理代と代車料についても、過失割合でもめるでしょう。

Ⓧ　大変な事故を引き起こしてしまったようですが、最後までよろしくお願いします。

Scene５　相手方に書面で連絡する

Ａ弁護士は、Ｙに宛てて次頁の書類を送付した。　⇒Review1

[Review]

１　通知には余計なことを書かない

Ａ弁護士の２回目の通知文書の内容は、簡にして要を得たものだといえそうです。頸椎捻挫の症状固定時期、後遺症が認定される確率、事故態様を明示した過失割合の判断経過等については、もっと詳細に書くこともできると思いますが、Ｙのキャラクターからすれば、それを書くと必要以上に刺激してしまうおそれがあります。この点は、相手を見てということになります。

また、特に気をつけたいのが、相手方の名前の漢字表記です。似た別の名前を書かないようにしましょう（「太田」と「大田」、「斉藤」と「斎藤」「齋藤」、「渡辺」と「渡邊」「渡邉」、「一郎」と「一朗」、「広」と「廣」、「寿子」と「壽子」、「恵子」と「惠子」等）。間違えると、相手方から謝罪しろと言われたり、ネチネチ絡まれたりされる可能性があります。また、文字入力の際の変換ミスにも、注意が必要です。嫌らしい相手方は、弁護士のアラ探しが実に上手です。

▼ 通知文書（２回目）

ご　　連　　絡

令和５年○月○○日

Ｙ　殿

東京都××区××丁目×番××号
凸凹ビル３階
Ａ法律事務所
電話　03－0000－0000番
Ｘ代理人
弁護士　　Ａ　　一　朗　㊞

前略

当職は、Ｘの委任を受け、同氏を代理して、令和５年○月○日に東京都○○区○○○丁目○番○号先交差点内で起きた交通事故に関する損害賠償につきまして、ご連絡申し上げます。

去る令和５年○月○日に貴殿とお目にかかった際、貴殿からは、損害賠償金の内払いのご要求がありましたが、その後にＸと協議した結果、金50万円の内払いをいたしたいと存じます。この金額でご了解いただけるときは、当職宛てにご連絡くださるようお願い申し上げます。内払いに関する書面を作成し、その後にご送金する方法で処理したいと存じます。

なお、貴殿の傷害の内容は頸椎捻挫とのことですから、治療開始から６か月前後を経過しますと一般的には症状固定となり、担当医師に後遺障害診断書の作成をしていただき、後遺障害等級事前認定手続に進むことになりますので、ご理解をお願い申し上げます。また、Ｘから聴取した事故態様から見ますと、本件交通事故はＸの100％の過失とは考えられません。自動車の修理代と代車料のご請求が未了となっていますが、これも含めた賠償金額のご協議では、過失割合のご協議もさせていただきたいと考えておりますので、あらかじめお知らせ申し上げます。

上記要用のみにて失礼申し上げます。

草々

Scene6　相手方と電話で交渉する

数日後、文書を受け取ったYから、A弁護士に電話が入った。

Y　手紙をもらったけれども、内金はたった50万円なんですか。

A　そうです。内払いとしては50万円を考えています。

Y　損保会社はもっと出すね。また、50万円をもらうのにわざわざ書面を作る必要はないと思うけどね。

A　後日のために、金50万円がどういう内容のお金かを確認して紙に残しておく必要があると考えています。

Y　それと、6か月経ったら症状固定だとか、私にも過失があるとか、今までいわれなかったことが書いてあったけれど、どういうことですか。事故直後にXは、私のところに来て「申し訳ありません。私の責任です」と平謝りだったんですよ。

A　私は、法律家ですから、法律にしたがった賠償をきちんとしたいというだけです。Xの言葉は、法律的な意味で100％の過失が自分にあるということではなかったと考えます。 ⇒Review1

Y　納得できませんね。

A　そうですか。それでは、誠に残念ですが、交渉による解決は難しいと考え、公正で公平な第三者に入ってもらって解決を図ることにしたいと思います。

Y　居直るのか。

A　公平で公正な第三者である裁判所で協議を続けさせていただこうと思います。○○簡易裁判所に数日内に調停の申立てをしますから、その節はよろしくお願いします。それでは、失礼いたします。 ⇒Review2

[Review]

1　依頼者の過去の発言を持ち出された場合の対応に留意する

A弁護士は、毅然とした対応を行っており、好印象ではないでしょうか。

相手方Yは、後遺障害や過失相殺について、Xが全面的に非を認めていたと追及してきています。これに対し、A弁護士は、Xの言葉は法律的にみて100%の過失が自分にあるという意味合いではないと、毅然と対応しています。「依頼者がそういっていた」の一言は、得てして怯む原因になり得ますが、A弁護士の対応は良かったと思います。

これに対し、「Xはいったんは全面的に非を認めていた」ということを前提にした話にのってしまうと、Xは嘘をついたのか、弁護士だから姑息な言い訳をしているのではないか、などと相手方につけ入れられ、対応に苦慮することになりかねません。揚げ足をとられることも考えられます。

もしすぐにA弁護士のような言葉が出てこなくても、「その点は依頼者から聞いていないので確認します」などと答え、肯定も否定もしない形でいったん引き取り、電話を切った後で対応を検討することを考えてよいと思います。

2　電話を切るタイミングを逃さない

A弁護士は、最後に「それでは、失礼いたします」と宣言してきっぱりと電話を切っています。この電話を切るタイミングというのは、実際の交渉においては非常に難しいものです。うるさい相手方は、電話を切った後に「何で電話を切った」と再度電話で怒鳴り込んでくることがありますが、そのときも「裁判所でお話しします」と短く言って切ってしまうのがよいのではないでしょうか。

A弁護士は、Yと交渉しながら、「これは一筋縄ではいかない。任意の交渉の限界を超えているので、裁判所に持っていくほかない」と考えたのでしょう。弁護士によっては、こういう癖の強い相手方に対してもギリギリまで交渉するという姿勢の人もいますが、早めに見切りをつけて、裁判所に調停申立てか債務不存在確認の訴訟提起を行う方針を採用する人も相当数いるように思います。うるさい相手方であっても、裁判所では、比較的おとなしくなることが多いですし、法的手続になったことから弁護士を選任してくれる可能性も出てきます。

Column 電話の姿勢

〔西田弥代〕

相手方に電話をして交渉することがしばしばあります。電話は音声ツールですから相手方に姿は見えませんが、油断は禁物です。電話をしているときの姿勢が、意外に大事なのです。たとえば謝罪するにしても、受話器を持ちながら現実に頭を下げているか下げていないかは、声の様子で伝わってしまうものだという弁護士がいます。ふんぞり返って「誠に申し訳ありませんでした」と言っているときと、深々と頭を垂れて「誠に申し訳ありませんでした」と言うときとでは、声の質が違うのだそうです。まさに電話は姿を写すツールになっているわけです。また、パソコンを見ながら電話をしていると、タイプ音まで拾ってしまいますので、気をつけたいところです。

嫌な相手方との電話を切った後「ふざけるな！」といったはずが、受話器を置く前だったために相手方に伝わってしまったという、笑い話にならない事例もあったと聞きます。「ふざけるな！」というのは、確実に電話を切った後にしましょう。

❷ 反社会的勢力との交渉

［受任事件］

　Ｘは、70歳の高齢女性であるが、ある日買い物に行くために自動車を運転していたところ、前方を走行していた大型高級外車が対面赤信号で停止したことに気付かず、追突してしまった。すると、車から出てきたのが、一見して反社会的勢力と思われる風貌のＹであった。Ｘは、Ｙに謝罪をするとともに、直ちに自分が契約しているＺ損害保険会社に連絡して示談対応を依頼した。Ｚ損害保険会社は、直ちにＡ弁護士に対し、対応を依頼した。

▼ 事故状況図

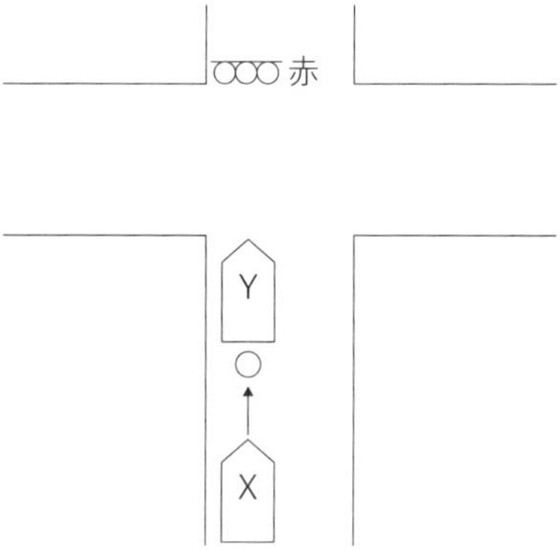

Scene1　相手方に電話連絡する

　Ａ弁護士は、Ｙに対し受任通知を発送するとともに、受任通知が届くまでに時間がかかるとＹからＸに対し直接連絡がきてしまうことから、受任の連絡を急ぐため、Ｙに対し電話することとした。

Ａ　突然のお電話で失礼いたしますが、私は、一昨日に交通事故を起こしたＸから委任を受けた弁護士です。

お怪我をされたと聞いていますが、いかがでしょうか。

Ⓨ　聞いていますだと。むち打ちになって痛くてしょうがないんだ。どうしてくれる。

Ⓐ　まずは、病院に行かれて十分に治療していただきたいと思います。通院している病院は、○○病院とお聞きしていますが、変わっておられませんか。

Ⓨ　変わっていないね。ところで、今後の示談だけど、俺の事務所まで来てくれないかな。 ⇒Review1

Ⓐ　事務所ですか。お会いするのは、ホテルのロビーにしたいと思いますが。

Ⓨ　何で俺の事務所では駄目なんだ。

Ⓐ　Ｙさんが指定するホテルでかまいませんが、ホテルだと飲み物も出て好都合です。 ⇒Review2

Ⓨ　それなら、○月○日午後２時に○○ホテルのロビーでどうだ。 ⇒Review3・4

Ⓐ　了解いたしました。

［Review］

1　相手方との面会場所は慎重に選定する

Ａ弁護士は、初回のＹに対する電話で、受任の連絡のほかに、面会の依頼をすることを決めていました。面会を依頼する以上、当然に場所の問題が出てきます。

まずは、Ａ弁護士の身の安全を確保することが大事ですので、反社会的勢力の事務所に行くわけにはいきません。そこで、人目がある場所を検討することになります。ファミリーレストランや喫茶店なども人目があるといえますが、相手方から大声を出されるなどしたときのことを考えると、ホテルの方が対応が早いと思われますし、周囲もそれほどうるさくないので、大声を出しにくいということがあります。ケースでは、Ａ弁護士は打ち合わせ場所をホテルのロビーに設定しました。人目があるホテルのロビーは、反社会的勢力と思われるＹとの面会場所としては、最適といえるでしょう。

ちなみに、自分の法律事務所に呼ぶかについては、自分と職員の安全を考えると、やはり慎重にしなければなりません。

2　場所設定の言い回しを検討しておく

反社会的勢力に限らず、強面の相手方と話すときは、可能であれば、一定程度相手方に主導権を持たせると話がスムーズに進みやすいという面もあります。強面の人は、面会場所でも自己が主導権をとりたいと思うものです。そこで、Ａ弁護士は、ホテルの選定について、Ｙに話をふりました。

場所設定については、最初の大きな関門でもありますので、相手方への連絡前に言い回しを検討しておくとよいと思います。

3　時間設定の言い回しに気をつける

場所の設定が終わったら、次は日時の設定です。

これも、相手方に少しでも主導権を残した言い回しをしたいところです。こちらが一方的に定めてしまうと、加害者側なのに偉そうだと受け取られ、反発される可能性が出てきます。

事前に自身の手帳を確認して、たとえば、１週間以内は予定が入らなそうな場合は、「事故後まもなく出てきていただくのは申し訳ないので、たとえば、○月○日以降でいかがですか」などと言い回しを検討しておくと、相手方の気に触らずに話を進められる可能性が高くなります。思うとおりに話が進まないこともままありますが、事前にいくつか対応パターンを検討しておくことで、その場でも自信をもって対応しやすくなるでしょう。

4　共同受任を考える

相手方が反社会的勢力の場合、自身の身の安全のためにも、また、交渉の円滑化のためにも、他の弁護士と共同受任することが望ましい場合があります。

共同受任については、依頼者の資力や費用の分配の問題がつきものですので、断念せざるを得ない場合もあるかもしれませんが（損害保険会社は、共同受任を歓迎しないのが一般です）、粗暴な反社会的勢力の場合は、ぜひ検討したいものです。

Scene2　相手方とホテルで示談交渉する

後日、A弁護士とYは○○ホテルのロビーで会った。

A　弁護士のAでございます。今後の示談についてのお話をさせていただきたいと思います。 ⇒Review3

Y　まず、事故の責任はどう考えているのだ。

A　追突事故ですから、Xにすべての責任があります。

Y　そうだよな。そうすると、被害者の俺が要求する損害はすべて賠償してくれるんだよな。

A　そうではありません。事故と相当因果関係のある範囲の損害に限られます。

Y　そんな難しいことは分からないね。とにかく、俺は被害者なんだ。

A　病院の治療費のほかに整骨院にも通院しているとのことですが、整骨院の施術は、医師の指示があることが原則です。

Y　そんなことは知らないね。痛いから整骨院に行っているんだから、その費用を全部持つのは当然だろう。 ⇒Review1

A　事故からまだ数日しか経過していませんから、当面の施術費用は負担することにしましょう。ただ、無制限でないことはあらかじめ申し上げておきます。

Y　仕事ができなくなったことの損害はどうしてくれるんだ。

A　まずは、勤務先の源泉徴収票か所得税の申告書のコピーをいただきたいと思います。どちらかございますか。

Y　そんなものはないね。無職ということで処理してくれ。

A　具体的なお仕事の内容はお示しいただけないのでしょうか。

Y　そんなことはいえないね。

A　それでは、無職ということで休業損害をお支払いできるかどうかを検討して書面でご回答するようにします。 ⇒Review2

Y　車の損害はどうするんだ。

A　修理工場をお教えいただければ、Xが契約していた○○損害保険の担当者が直接お話しさせていただきます。

Y　早くしてくれ。

A　分かりました。それでは、本日は、示談の方向性についてお話ができたように思いますので、今後は、原則的に手紙でご連絡をしたいと思います。このロビーのコーヒー代をお支払いしますが、伝票はありますか。

Y　俺が払っておくからいいよ。 ⇒Review4

A　そうはいきません。伝票はありますか。

Y　しつこいよ。

A　そうですか。それではお言葉に甘えさせていただきます。ありがとうございました。

[Review]
1　説明を聞かない相手方に対する説明を考える

Ｙは治療費に関するＡ弁護士の説明に対し、「そんなことは知らないね」と述べています。このように、相手方の中には、弁護士が述べる法律論を聞かない人は一定程度います。

このときに、「相当因果関係」など法律の専門用語を使わずに、いかにして相手方の同意を引き出す説明ができるかは、弁護士の腕の見せ所です。

たとえば、病院の特別室の費用の賠償について話が及んだときに、相手方に対し、「仮にあなたが私を交通事故ではねたときに、私が有名大学病院の１日10万円以上する特等室に入り、毎日の食事に銀座の有名店の鮨や高級ステーキをとり続けたら、その費用を支払いますか」と尋ねると、「そんなものは払わないよ」等と返ってきます。そこで、「そうですよね。交通事故と相当な因果関係がある範囲でしか賠償はできないのですよ」というと、結構納得してもらえます（もちろん、「そんなのは俺には関係ねえ」という人もいます）。

整骨院の通院費用は当然には補償されないことの説明においても、「整骨院の柔道整復師は、医師ではないんですよね。交通事故案件において、医者は裁判で証人になれますが、柔道整復師を証人にするのは難しい。だから整骨院に通うには医師の判断をもらってほしいんです」などと説明できます。

2　不当な要求をされたときにどうするか

相手方に対しうまく説明できたか否かにかかわらず、相手方から不当な要求をされることはあります。たとえば、「相手方の収入を収入証明により計算せずに平均賃金で算出しろ」などです。

違法・不当なことを強要して賠償金を請求されたら、「NO」というしかありません。特に違法な要求については、依頼者の確認を得ずともその場で断ることで相手方につけ入る隙を与えないことが大事です。

また、弁護士に法律問題をいろいろ説明させようとしてくるパターンもあります。案件に関係があり、その場で答えられることであればいいのですが、一度答えると、揚げ足とりの材料に使われかねません。その場での説明が難しかったり、正確性に自信がない法律問題については、無理をしてその場で答えず、「書面で回答します」「それは大変難しい問題なので、文献を調べたうえでご回答したいと思います」など、すぐ答えられないという対応もひとつだと思います。弁護士は、法律について知らないと答えることにはかなりのためらいがあるのが通常です。「弁護士のくせにそんなことも知らないのか」といわれたくないのです。しかし、そのようなプライドは、時に自分を追い込むことにもなります。

3　交渉場面を録音するか

交渉をする際に、そのやりとりを録音するかは悩ましいところです。相手方の脅迫行為を証明する場合、現実の弁済等を証明する場合などでは、積極的に考えますが、無断録音が見つかった場合には、相手方から何を言われるか分かりませんし、交渉が決裂してしまう可能性もあります。事前に「録音させてもらってもいいでしょうか」との断りを入れておけば無断録音の紛糾は回避できますが、断られたらおしまいです。

お守り代わりに録音したいというときも、上記場面を想定して、慎重に検討すべきでしょう。

4　交渉に関する費用の支払に気をつける

さて、ケースでは、最後にＹがＡ弁護士にコーヒー代を支払うといってききません。

ご存じのように、弁護士職務基本規程53条では、「弁護士は、受任している事件に関し、相手方から利益の供与若しくは供応を受け、又はこれを要求し、若しくは約束をしてはならない」として、相手方からの利益の供与を禁止しています。たとえコーヒー１杯だとしても、利益の供与を受けたとして、後日相手方からゆすられる可能性がないとはいえません。コーヒー１杯であっても、断りたいところです。

Ａ弁護士は、Ｙの顔を立てないといけない場面になった（ここでさらに断れば、交渉にもさわり、依頼者にとっても不利益となる）と考え、やむなくコーヒー代をおごってもらったようです。この決断は、今後の展開の見通しを踏まえた苦渋の末のものというべきでしょう。

Column

巌流島への遅刻

（高中正彦）

映画での宮本武蔵は、わざと巌流島の決闘開始時間に遅れ、佐々木小次郎が名刀「備前長船長光」の鞘を捨てるや「小次郎敗れたり」という名言を吐きます。その後の顛末はご存じのとおりですが、時間に厳しい現代では、交渉のための待ち合わせ時間に遅刻したら、宮本武蔵とは反対に、その交渉は負けなのでしょうか。

ある交通事故の損害賠償事件の示談交渉を依頼されたとき、電車に１本乗り遅れ現場到着が２分程度遅れたことがありました。交渉相手は、その前の電話で散々依頼者の過失を大きな声でなじり、弁護士の対応一つひとつに揚げ足をとって絡んでくるような人でしたから、電車の中では口が渇き体中が火照っていました。

「申し訳ありませんッ！　大切なお打ち合わせに２分も遅参してしまいました。誠に申し訳ありませんッ！」とまず頭を深く下げました。依頼された事件処理について頭を下げることは絶対にしませんが、遅刻だと簡単に頭が下げられたのです。すると、ガミガミ、ネチョネチョやってくるかと観念していたのに、意表を突かれたのか「まあまあ」といって頭を上げるようにいってきたのです。その後、難航が予想されたのに、何と話がスムースに進み、基本的な合意に達してしまいました。

爾来、ごくたまに、わざと数分の遅刻戦術をとることがあります。もちろん見抜かれた大変ですから、交渉現場に近づくや全力ダッシュをし、額から大汗をしたたらせ、呼吸をハーハーとさせることも忘れません。

3 損害保険会社との交渉

[受任事件]

Xは、レストラン経営を目的とする会社の代表取締役を務めている。

ある日、打ち合わせのために社有の自動車を運転して信号機のない交差点に進入して右折しようとしたところ、直進してきたY運転の自動車と衝突してしまった。Yは、自分も前をよく見ていなかったことをXに詫びたが、示談については、契約しているZ損害保険会社に一任することにしたいといって、事故現場をあとにした。

その後、Xは、頸椎捻挫の診断を受けて通院治療をするとともに整骨院にも通院して施術を受けていたところ、Z損害保険会社の担当者であるCから電話がかかり、Xには90%の過失割合があること、Xは会社役員であるから休業損害は支払えないこと、衝突の態様から見て整骨院の施術は認められないことを通告された。

Xは、全く納得がいかなかったため、会社の顧問であるA弁護士に相談した。

その結果、A弁護士からZ損害保険会社のCに連絡することとなった。

▼ 事故状況図

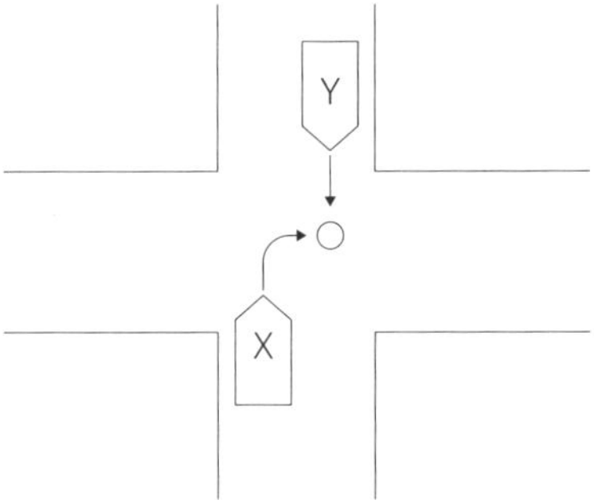

Scene1　相手方保険会社と交渉する

A弁護士は、Z損害保険会社に受任通知を送付するとともに、Z損害保険会社のCに電話して交渉を開始した。

Ⓐ　Xから委任を受けた弁護士ですが、まず、Xの過失割合が90%というのは、別冊判例タイムズ38号の「過失相殺率の認定基準」によっているのですか。

Ⓒ　そのとおりです。基本過失割合は、右折車のXが80%ですが、徐行していなかったので10%加算しています。

Ⓐ　しかし、Xは、徐行して右折を始めていたといっていますし、Yさんはかなりスピードを出していたといっています。Xの過失割合は、50%と考えますが。

Ⓒ　応じられません。

Ⓐ　休業損害も全く認めないそうですが、会社役員でも労働対価部分があるわけですから、おかしくありませんか。

Ⓒ　うちの会社では会社役員には休業損害を認めない取扱いをしています。　⇒Review1

Ⓐ　杓子定規な対応ですね。

Ⓒ　運用は変えられません。

Ⓐ　整骨院の施術費も認めないそうですが、これも変更する考えはないということですか。

Ⓒ　そのとおりです。

Ⓐ　要はマニュアルどおりということですね。

Ⓒ　どう受け取っても結構です。

Ⓐ　それでは訴訟を提起することにします。訴訟では、遅延損害金も１円違わず支払ってもらいますからね。　⇒Review2

[Review]

1　マニュアル人間に対しても交渉の余地はある

A弁護士は、Z損害保険会社担当者のCから、杓子定規の冷たい応対をされています。ただ、マニュアルどおり応対しているCにも、ある程度の裁量権はあります。最終的には損害保険会社も弁護士を代理人として対応してくることになりますが、弁護士をつけるには費用もかかります。

裁量権の限界を見極めつつ、どのようにアプローチするか。裁判の見通しを考えながら、裁量権の限界を引き出すのがよい交渉です。特に、裁判になると、過失相殺率が予想に反して厳しい結果になることがあり得ますし、慰謝料額が低くなることもあり得ます。マニュアル対応をされたからといって、すぐにあきらめたりいらついたりせずに、まずは依頼者のための交渉を試みる必要があります。これに対し、役員の休業損害のような法律上両論ある論点については、損害保険会社は任意交渉では認めようとしない場合が多く、これについて長々交渉してもよい結論を得ることはできません。早々に交渉を打ち切って訴訟に移行すべきです。

以上のように、損害保険会社との交渉の打ち切り時期の見極めは大事です。交渉決裂前に同じエネルギーを使うなら裁判でという方が、時間的な負担も少なく済みます。損害保険会社担当者と早期にある程度踏み込んだ話をして腹を探っておくのがよいかもしれません。

2　依頼者に任意交渉打ち切りをどう説明するか

任意交渉において、相手方の回答がこれまでの裁判例や「赤い本」の基準とかけ離れた内容である場合や、事実の認識に大きな隔たりがある場合は、任意交渉を打ち切って裁判にすることがあります。このとき、多くの依頼者は、「裁判になったらもっとよい結果になるんですよね」と期待します。しかし、裁判はどちらに転ぶか分かりませんし、事前に依頼者に過度な期待をもたせてしまうと、依頼者との信頼関係にひびが入りかねません。

そこで、任意交渉打ち切り時には、依頼者に後悔のタネを与えないように配慮するが肝要です。これまでの経過や考え得る裁判の見通しをしっかりと説明したうえで、裁判はどういった結果になるか分からないこと、ベストを尽くすのだから後悔はしないでもらいたいことをいっておきます。

依頼者の中には、「友人にはこう言われた」「他の弁護士のサイトにこのようなことが書いてあった」など、依頼した弁護士からかなりの確率でよい結果になり得るという言質をとろうと一所懸命になる人もいます。このようなとき、「友達はみんなあなたの味方です。あなたの耳障りになることは決して言いません。もっととれるという友達の話を鵜呑みにしないように」と釘をさしておきます。

それでも納得に至らない場合は、「他の弁護士にも相談していいですよ」と述べて、突き放すことも考えます。多くの依頼者は、その時点でよく考え、納得してくれますし、それでも納得できない場合は、他の弁護士に相談に行くかもしれません。今後のトラブルを避けるためにも、「深追いはしない」「去る者は追わず」という勇気も大切です。

第2章 離婚事件の交渉学

序 交渉のガイド

離婚事件の位置づけ

厚生労働省の統計資料（「令和４年度 離婚に関する統計の概況」）によれば、わが国の離婚のピークは平成14年の約29万組であり、その後は徐々に減少し、令和２年では約19万3000組の離婚があったとのことです。また、協議離婚の割合は、令和２年で88.3％を占めており、裁判離婚は、全離婚の11.7％（２万2650件）となっています。裁判離婚の内訳をみると、離婚調停が8.3％、審判離婚が1.2％、和解離婚が1.3％、判決離婚が0.9％となっています。裁判離婚のすべてに弁護士が関与しているわけではありませんが、協議離婚にも弁護士が関与することが多々ありますから、おそらく年間数万件の離婚事件が弁護士に依頼されているものと予想されます。その意味で、離婚事件は、経験年数に関係なく、広く弁護士が取り扱う事件類型であるといえるでしょう。

そして、弁護士が依頼を受ける離婚案件は、財産分与と慰謝料という金銭請求を伴うものが多いように思います。もちろん、子の親権を争う案件も弁護士に依頼されることが多いのですが、夫婦で築いた財産が全くなく、かつ、離婚原因が性格の不一致というような慰謝料請求も困難な案件では、弁護士に相談することなく本人どうしの話し合いで合意成立に至ることが多いと推測されます。

感情的対立に伴う交渉の難しさ

このような弁護士が広く受任する離婚事件は、しかし、決して単純ないし簡単な事件ではありません。結婚した際にはあれほど笑顔を振りまき幸せだと公言していた夫婦が、離婚となるや、笑顔は全く消え失せて感情と主張を厳しく激突させることになります。なかには、憎悪の感情を剥き出しにして相手に罵詈雑言をぶつける当事者もいます。そのような感情的対立の渦中に身を置かざるを得ない弁護士が、「かわいそうな依頼者に寄り添い、依頼者のために何とかしてあげたい」という気持ちが高じて依頼者と一体になってしまうと、精神的にもかなり疲弊することになります。私たちも、過去に離婚事件で精神的に辛い経験をしたことがありますが、そこから学んだのは、依頼者のために最善は尽くすが、依頼者と一心同体になってはいけないということでした。

それにしても、離婚事件を受任すると、その相手方との交渉では、だいたい苦労を強いられます。そのようなケースを取り上げ、どのような交渉をすればよいのか、どのような交渉をしては駄目なのかを考えてみたいと思います。

本書で取り上げる交渉場面

本書で取り上げたケースは、次のとおりです。深刻なDVがあるケース、子の親権争奪が激しいケースについては、優れた参考書がありますから、それをご覧いただきたいと思います。

①　不貞をした配偶者との交渉

弁護士が依頼を受ける離婚事件の大きなシェアを占めているのは、不貞行為を原因とするものでしょう。不貞行為は、夫側でも妻側でもありますが、ここでは、夫側に不貞行為があり、夫が不貞行為を否定するケースを取り上げました。昔は、夫の帰宅が遅いとか、夫の様子に不審なところがあることから不貞が発覚することが多かったように思いますが、最近は、スマホのショートメール、LINE等を妻が見て不貞が発覚することが多いようです。いずれにしても、不貞行為では、その相手方に対する損害賠償請求が絡みますから、この解決も視野に入れておく必要があります。

② 資産隠しをする配偶者との交渉

一般的にみて、離婚の話が出るや、資産を持っている側は財産分与や慰謝料の離婚給付、子の養育費という金銭支払を要する事柄に渋くなります。なかには、資産隠しをしたり、夫婦共有財産の開示を拒むこともあります。そのような誠実さに欠ける人を相手とする交渉を取り上げました。

③ 優柔不断な配偶者との交渉

離婚事件では、優柔不断な人に遭遇することが結構あります。妻側と夫側の双方に、決断ができない人、いったん決めたことを覆す人、弁護士に甘えてくる人がいます。ケースでは、交渉の相手方が優柔不断である場合を取り上げましたが、依頼者が優柔不断であるために苦労をしている弁護士も多いのではないかと思います。依頼者に対し決断を迫り、あるいは前言を翻すことを咎めたりすると、今度は「先生は私のために弁護してくれないのですか」等と反撃されますから、決して気を抜けないのです。

④ 離婚原因がはっきりしない交渉

性格の不一致が離婚原因であると述べる人が結構います。話を聞いていくと、確かに、陽気な人と陰気な人、几帳面な人とだらしない人、豪胆な人と繊細な人、内気な人と外向的な人、寛容な人と冷徹な人等、夫と妻の性格が異なると思われることがあります。しかし、さらに話を詰めていくと、意外なところに離婚原因があることもあります。弁護士としては、当初の事情聴取で満足してしまい、以後の深掘りをしないでいると、核心を見失うことにもなります。ケースでは、依頼者の話に疑問を抱き、依頼者から真実を聞き出すことに成功し、離婚を成立させたものをあげてみました。実際にはかなりレアなケースであろうことは承知していますが、このような「コロンブスの卵」のような解決もあることを知っていただければと思います。

❶ 不貞をした配偶者との交渉

［受任事件］

Ｘは45歳の主婦であるが、18年前に結婚した会社員の夫Ｙ（47歳）の帰宅がしばしば深夜になったために、不貞を疑い、調査会社に依頼して尾行調査をしてもらった。すると、調査会社から、ラブホテルから出てくるＹと女性Ｃを撮影した写真を添えた報告書が提出された。Ｘは、知り合いの紹介を経てＡ弁護士に電話をかけ、相談した。

Scene 1　依頼者と打ち合わせる

Ⓧ　よろしくお願いします。これが、調査会社の報告書です。不倫相手のＣは、同じ職場に勤務している人で、独身と書いてあります。

Ⓐ　夫ＹとＣさんは、いつ頃から不倫関係にあるのでしょうか。

Ⓧ　夫の帰宅が遅くなり始めたのは、３年前からですから、その頃かもしれません。

Ⓐ　あなたが調査会社に調査を依頼したことはＹに話していますか。

Ⓧ　いいえ。Ｙは、私が不貞を疑っているとは考えていないと思います。

Ⓐ　そうですか。ご相談にいらした趣旨は、離婚したいという趣旨でしょうか。　⇒Review1

Ⓧ　子どもは、もう中学２年生と小学５年生ですし、離婚したいという考えが強いです。ただ、夫が改心してもとの家庭に戻るというのであれば、考え直してもよい気持ちも少しあります。

A　そうすると、私に依頼するのは、第１に夫婦関係の円満調整であり、第２には離婚ということになりましょうか。不倫関係にある女性に対しては、どうされますか。

X　この人は絶対に許せませんので、しっかりと賠償金を支払ってもらいたいと考えます。 ⇒Review2

A　そうですか。ただ、あなたが離婚した場合と元の鞘に収まった場合とでは、慰謝料の金額はかなり差が出てきますよ。その女性が円満な夫婦関係を破壊して離婚に追いやったという場合と一時の不倫関係で精神的なショックを与えたという場合とではやはり違うのですよ。 ⇒Review3

X　分かりました。まずは、この調査報告書をもとにして、夫の考えを聞いてもらえませんでしょうか。

A　了解しました。

［Review］

1　依頼者が方針を決断できないときにどうするか

離婚案件においては、受任時点では依頼者が離婚したいのか、したくないのかを決めきれていないことがかなりあります。長年生活を共にして性格を知り抜いていること、養育中の子どもがいること、自活に自信がないこと、現在の仕事を続けたいこと、両親をはじめとする周囲の人に心配させたくないことなど、さまざまな事情が絡み合っていますから、無理もないことです。

弁護士としては、離婚するかしないかの決断に口を出すことはできる限り控えたいところです。復縁を勧めたところ、後に「先生が言うとおり復縁したら、こんなことになった」などと責められてはたまりません。離婚を勧めたところ、「すぐに元配偶者と不貞相手がくっついた（結婚した）ではないですか」となじられるかもしれません。「私の経験ではこういう事例が多いのです」と示唆するとしても、離婚するか否かはこれからの人生に関する重大な自己決定ですから、依頼者に熟慮して決断してもらうべきです。もちろん、依頼者に寄り添って悩みを聞くことは、今後の解決に資することですから、しっかり周辺状況を聞くことが大切です。

ケースでは、依頼者が「まずは相手方の意見を聞いてから方針を考えたい」と言っていますが、そのような場合には、ある程度の事件の見通しを述べたうえで、依頼者の意向を尊重して相手方の意見を聞くことになるでしょう。

2　相手の悪口はほどほどに

依頼者から、配偶者の不貞行為に対する感情的な反発や配偶者に対する不平不満を聞いているうちに同情ないし共感の気持ちが高ぶり、配偶者の悪口を言いたくなることがあります。悪口を言うことで、依頼者からは「親身に考えてくれている」と喜ばれることもあります。しかし、依頼者に配偶者に対する愛情が少しながら残っている場合、それを見抜けなかった弁護士が「あんな男は最低です。私が見ても何の人間的魅力もありませんね」等と悪口を言ったところ、依頼者から懲戒請求された事案があると聞きました。テレビドラマの弁護士は、可哀想な依頼者の言うことに全面的に賛同し心から支援しています。しかし、それは勧善懲悪と浪花節が大好きなテレビの世界の出来事です。

3　不貞相手に対する損害賠償請求のタイミングは

依頼者の中には、不貞相手に対する怒りに任せて、とにかく先に不貞相手に損害賠償請求をしたいと主張することがあります。この請求のタイミングの可否については、配偶者に対する法的処理との関係を含め、事件全体を見通しながら検討する必要があります。たとえば、依頼者が配偶者との関係を修復したいと考えていたり、証拠探しのための時間が必要であるなど、配偶者にはまだ不貞行為を発見したことを黙っていた方がよい場合があります。不貞相手に対して損害賠償請求をすれば、それは不貞の配偶者に伝わるのが通常ですから、依頼者の真意に沿わない事態を招く可能性があります。夫側が不貞行為をしていた場合に、その不貞相手の女性が妻に対して支払う損害賠償の原資を夫が拠出していることもよく見かけるところです。

感情的になっている依頼者からは、配偶者との関係を含め、何を望んでいるかを正確に聞き出し、冷静な視点から、さまざまな可能性を丁寧に説明したうえで、方針を決めるようにすべきです。

Scene2　相手方に受任の連絡をする

A弁護士は、Xから聞いたYの携帯電話に電話をかけた。

⇒Review1～5

A　突然のお電話で失礼いたします。奥様からこの携帯電話の番号を教えてもらいました。弁護士のAと申しますが、今お話ししてよろしいでしょうか。

Y　弁護士が何の用でしょうか。

A　実は、Yさんの妻のXさんから、あなたが不倫をしているので、その件の交渉をしてほしいとの依頼を受けました。

Y　……。

A　電話でお話しすることでもないと思いますので、一度お目にかかりたいと考えますが、いかがでしょうか。

【パターン1】

Y　いいですよ。いつ、どこで会いますか。

A　お差し支えなければ、明日午後6時に、○○○にある私の事務所でいかがでしょうか。

Y　明日なら予定が空いているので、いいですよ。

【パターン２】

Y　妻が弁護士を頼んだのだから、こちらも弁護士を頼もうと思います。弁護士から連絡させます。

A　そうですね。ぜひそうされるといいでしょう。弁護士に依頼されたら、私の連絡先をお伝えください。ある程度お待ちしてご連絡がない場合は、再度こちらからご連絡させていただくかもしれません。

Y　分かりました。

［Review］

1　同居の配偶者への連絡方法はどうするか

任意交渉案件における初回の連絡は、電話または郵便で行うのが一般ですが、正式に受任通知を郵送することが多いことは**第１章❶**で述べたとおりです。

しかし、依頼者と同居している相手方に対する初回の連絡を、郵便物の郵送方法にしてしまうと、それを受領した相手方は、郵便物に直接交渉を控えるように注意をしたとしても、依頼者に対して直接の交渉を開始してしまうおそれがあります。そうなると、せっかく弁護士が受任したのに本人どうしで話し合いが始まってしまいます。これでは、同居を続けながら弁護士による解決を期待した依頼者の希望に沿えません。

そこで、依頼者と事前に相談したうえで、まずは相手の携帯電話に連絡することを検討すべきだと思います。電話を一方的に切られるリスクもありますが、コミュニケーションをある程度とれることが期待できますから、家庭内での本人交渉を回避する確率は高いといえます。なお、電話をかけたら、誰から電話番号を聞いたのかと不審がられる前に、すぐに依頼者から電話番号を聞いたことを伝える必要があるでしょう。

2　電話をかける時間帯を選ぶ

電話をかける時間帯については、スムーズに交渉に入るために、たとえば相手方が会社員である場合は、昼休みや就業前あるいは就業後の時間帯を狙うなどの配慮が必要です。昼休みがねらい目かもしれません。就業時間中に電話をかけると、失礼だとか嫌がらせだと言われたり、慌ただしくすぐに切られてしまったり、あまりよい結果を生むことはありません。結果的に就業時間帯になっていたとしても、電話をするタイミングは事前に十分に検討したいところです。

3　留守番電話に残すメッセージ

初回の電話が留守番電話だった場合はどうでしょうか。「依頼者の○○から離婚交渉の依頼を受けた弁護士の××です。」と残すと、弁護士が選任されたことを知った相手方から依頼者本人に対して直接交渉が始まってしまう可能性が高くなります。また、稀にですが、依頼者から聞き取った電話番号が間違いであることもあり得ます。まずは、名前を名乗ったうえで、いつ（たとえば明日）再度電話をするという内容の留守電が無難です。いずれにせよ、電話をかける前に、スムーズに留守番電話を残せるように考えておきたいものです。

4　電話がつながらない場合はどうするか

知らない電話番号からの電話で相手方が警戒してしまい、何度電話してもつながらない、留守電にもならないことがあり得ます。この場合は、無理をせずに、依頼者に事情を話し、どのようにして連絡をしたらよいかを確認するべきでしょう。同居している依頼者であれば、どのような連絡方法が適切かの検討ができるはずです。

5　相手方の勤務先への電話はしない

相手方の携帯番号や居所が判明している場合は、やむを得ない場合を除き、相手方の勤務先に電話をかけてはいけません。また、やむを得ずに勤務先に電話をした場合も、弁護士と名乗ってはいけません。依頼者が感情的になり、弁護士に依頼する前に勤務先に連絡をしてしまったということが稀にありますが、弁護士が受任した後に、依頼者から相手方の勤務先に電話をするように頼まれ、言われるままに電話をしてしまうと、相手方の激しい怒りを買ってしまい交渉が頓挫してしまうことにもなります。弁護士から、相手方の勤務先に電話を入れ、電話に出た上司に「離婚に応ずるように指導せよ」と言ったことで懲戒処分を受けた例もあります。その他の懲戒事案もありますので、十分注意してください。

Scene3　相手方に不貞行為の有無を確認する

その後、A弁護士は、Yと対面した。

A　わざわざお越しいただき恐縮です。早速ですが、奥様のXさんから、あなたの不貞行為に関する相談がありました。

Y　身に覚えがありませんが。

A　この写真に写っているのは、Yさんではありませんか。　⇒Review1・2

Y　よく似ているけれど、私ではないように思いますね。

A　一緒に写っているのは、同じ会社に勤務しているCさんではありませんか。

Y　知りません。そもそも他人のプライバシーを侵害してこっそりと写真を撮ることは許されるんですか。違法だと思いますが。　⇒Review3

A　それは、見解の相違です。家庭裁判所の離婚訴訟では、このような写真や調査会社の調査報告書が不貞の証拠としてかなり提出されていますが、裁判官は、違法とは言いません。写真に写っているのはYさんではない、したがって、不倫をしたことはないということですか。

Y　私は、そこまでは言ってません。

A 仮に、写真に写っているのがＹさんだとしたら、奥様との結婚はどうするつもりですか。

Y 仮定の質問には答えられませんね。むしろ、妻は何といっているのですか。

A 奥様は、夫であるＹさんの考えをまず聞きたいといっています。それいかんによって自分の考えをまとめるといっています。

Y 少し考える時間をもらえますか。

A いいですよ。自宅に帰られると、奥様と顔を合わせることになりますが、離婚するかどうかの話は直接奥様としないでもらえませんか。私からも、Ｙさんと離婚に関する話はしないように電話しておきます。次に会うのは、いつにしましょうか。 ⇒Review4

Y 私の方から電話を入れるようにします。

A 分かりました。ただ、あまり時間を空けると、こちらの方からアクションを起こすことがありますから、ご了解ください。

Y 分かりました。

[Review]

1　調査事務所の報告書の取扱いには注意する

不貞行為を理由とする離婚訴訟では、調査事務所（興信所）の報告書が証拠として提出されることが多々見られます。民事裁判の実務では、調査事務所の調査報告書の証拠能力が否定されることはあまりありませんが、調査の態様によっては、プランバシー権や肖像権の侵害が伴う違法収集証拠であるという主張がなされることもあります。特に気をつけたいのは、住居侵入です。オートロックのマンションに無断で入っている場合などは、調査報告書の証拠提出には慎重であるべきです。ちなみに、人種差別の記載がある調査報告書をそのまま保全処分の疎明資料として提出した行為が懲戒処分の対象とされ、かつ弁護過誤として損害賠償を命ぜられた例があります。

2　手の内を見せる時期はいつか

ケースでは、A弁護士は、Yに対しすぐに調査報告書掲載の写真を開示していますが、調査報告書に問題がはらんでいることもありますし、離婚事件全件ですぐに開示すべきであるかというと、そうではないと思います。

相手方も、不貞行為についてどこまで知られているかが気になりますから、初回は、「妻は何と言っているのですか。証拠でもあるのですか。」と居直った質問をしてどこまでの証拠を握っているのかを確認したがります。そのようなときに、最初から手の内の証拠をすべて見せてしまうのは、反論や言い訳の準備をさせる結果を招くおそれがあり、得策ではありません。証拠は保有していることは述べつつも、相手方の反応を観察しながら、そして戦術を検討しながら証拠の開示のタイミングを見極めることがよいでしょう。「遠山の金さん」は、悪党に散々言い訳をいわせた後に片肌脱いで「背中の桜吹雪が目に入らねえか」と啖呵を切りますが、ぐうの音も出ないようにする絶大な効果はお分かりだと思います。

3　シラを切る相手方にどうアプローチするか

こちらが相当程度に確実な証拠を保有している限り、シラを切られても、堂々としていればよいのですが、シラを切られて交渉が全く先に進まない場合の対応は考えなければなりません。交渉が先に進まない場合には調停や訴訟の法的手続をとることを既定方針としているときは、それほど手元の証拠の開示に積極的にならず、法的手続の中で最適の時期を見計らって証拠提出すれば足ります。しかし、依頼者が婚姻費用の点等から法的手続を望んでいない場合は、手元の証拠を見せて不貞行為を認めさせ、離婚条件についての協議を進めることも十分あり得ます。

4　依頼者と相手方の直接交渉をどう回避するか

依頼者と相手方が同居している場合、相手方に何も注意せずに帰してしまうと、帰宅後に両者間で話し合いや口論になるのは必定です。A弁護士のように、相手方に対し、弁護士が受任した以上は離婚の件については夫婦間で話題にしないように強く伝えておく必要があります。

そして、このことは依頼者に対しても同様です。相手方との交渉開始の前に依頼者にも相手方と離婚の話を一切しないことをよく言い聞かせておかないと、相手方に対する交渉開始の連絡をしたのかが気になっている依頼者が、「弁護士からの連絡はあったのか」等と話を始めてしまう可能性が出てきます。

Scene4　相手方の方針を確認する

３日後、Ｙから電話があり、再びＡ弁護士の事務所で対面した。

Ｙ　妻とは離婚することにしたいと思います。

Ａ　そうですか。親権など離婚の条件はどのように考えているのですか。　⇒Review1

Ｙ　親権者は、子どもが母親がいいというのであれば了解しますし、養育費も、裁判所の算定基準表のとおりに支払います。財産分与ですが、ネットで調べたら、２分の１ルールがあるとのことですから、それに従います。ただ、自宅マンションは、ローンが残っていて、売却してもほとんど残らないと思います。預金は、２分の１ずつ分けることで了解します。　⇒Review2

Ａ　慰謝料については、どのように考えているのですか。　⇒Review3

Ｙ　それが問題です。写真に写っていたのが私だとしても、そのようになったのには理由があります。妻は、金遣いが荒いうえに、家事もしないで遊びほうけています。妻以外の女性と関係をもったのは、ここ数か月のことにすぎません。

Ⓐ 慰謝料は支払うつもりがないということですか。

Ⓨ そう受け取ってもらって結構です。

Ⓐ そのようなご主張の場合、奥様が納得しないと、訴訟ということになりますが、それでも構いませんか。

Ⓨ はい。それで構いません。

［Review］

1　相手方本人の法律情報量を見くびらない

相手方に代理人弁護士がついていないからといって、一方的にこちらが優位に立つものと即断し、慢心した交渉をすることはNGです。特に離婚案件については、インターネット上にかなりの情報が掲載され、相手方は十分それらを閲覧して理論武装をしてきます。また、自治体などの法律相談にも赴いて裁判実務に関する情報を得て交渉の場に臨んでくることもよくあることです。弁護士にとっては単なる一つの事件ですが、当事者にとっては人生の一大事です。慰謝料の相場については偽らず極端なことも言わず、交渉に挑む必要があります。相手方との一定の信頼関係があってこそ、交渉は成立しやすくなります。

2　子の親権の争奪戦は法的手続で

子どもの親権者の指定について深刻な争いがある場合は、当事者の厳しい感情を考えると、任意交渉で譲歩を引き出すのは相当に困難であり、解決可能性はかなり低いと考えざるを得ません。子の親権に関する争いについては、専門書も数多く発行されていますので、子の福祉を第一に考え、法的手続の活用を慎重に検討します。法的手続をとって調停委員や家庭裁判所調査官等の第三者の意見を聞くことによって、依頼者および相手方の子の福祉に関する理解が進み、納得感が生まれることもあります。

3　慰謝料額の対立による交渉拒絶にどう対応するか

離婚訴訟において認容される不貞行為の慰謝料は、概ね依頼者が望む金額より低い金額になっていますが、依頼者の中には、金額の多寡にかかわらず、慰謝料名目の金額を支払わせること自体を非常に重要視している人がいます。特に交渉の初期段階ではそのような場合が多いといえます。依頼者の慰謝料請求に対する思いについては、訴訟実務を引き合いに出して簡単に全否定せず、時間をかけて相手方はもちろん依頼者も説得し、着地点を探していくべきです。着地点の大枠が見えてくると、弁護士の説明も説得力が増していくものです。

Scene5　依頼者の意向を確認する

A　Ｙさんは、離婚してもよいという考えを固めたようですが、慰謝料は支払うつもりがないといっています。あなたが家事をせずにママ友と遊んでいるというような理由です。

X　とんでもないです。確かに、私は片付けが苦手ですが、炊事、洗濯等の家事はきちんとやっています。それより、夫は金遣いが荒くていつのまにかバイクだの、相談もせずに高いものを買うし、子どもの面倒は見ないし……。 ⇒Review1

A　慰謝料を支払わない理屈としてはよく主張されることですから、ムキにならなくてもいいですよ。問題は、Ｘさんがどう考えるかです。

X　そうですか……。

A　ちなみに、離婚した際の子どもの養育費は、裁判所の算定表があり、実務ではこの表の基準でほとんど決まっています。

X　分かりました。財産分与は、どうなるのでしょうか。

A　仮に調停になったとした場合は、裁判所から「婚姻関係財産一覧表」の作成を求められますが、そこには、別居開始日を基準として夫婦双方名義の財産が記載され、これをもとに財産分与額を決めていくことになります。…〔財産分与に関する説明、年金に関する説明など〕…。

　また、不貞行為による慰謝料については、既にご存じかもしれませんが、判決までいくとあなたが期待するほど高額ではないかもしれません。しかも、共同不法行為といって…〔共同不法行為に関する説明など〕…。ですので、夫に支払わせると、その後相手方女性に対して請求しても認められなくなる可能性があります。 ⇒Review2

X　そんなに少ないんですか。少なくとも500万円はとっていただきたいのですが。少額の慰謝料で私と子どもの人生を壊した罪が清算されるなんて、許せません。しかも、夫からとったら、相手方の女性からとれなくなる可能性があるなんて……。相手方女性には、裁判に出てこさせて、しっかり責任をとらせてもらいたいです。

A　慰謝料額については、和解の中で判決の相場より高い金額になることはありますが、共同不法行為が何たるかについては、法律上変えようがありません。ご主人には請求せず、相手方女性にのみ請求することや、今のタイミングで相手方女性に対しても請求することも考えられます。相手方女性に請求しても、実際はご主人が裏で補填する事例は多いのですよ。また、ご主人から、相手方女性には請求しないことを前提とした条件が出される場合もあります。

これらのことを踏まえながら、離婚したいか、その場合の条件など、ご希望を考えてみてください。

X 分かりました……。よく考えてみます。

[Review]

1 依頼者の愚痴をどこで遮るか

相手方の自分に対する批判を聞くと、これまで堪えていた依頼者も感情が高ぶり、相手方に関する愚痴ないし悪口が止まらなくなります。ケースでは、A弁護士は、すぐにそれを遮っていますが、実際には、依頼者のガス抜きのため、そして依頼者が冷静に今後のことを考えられるように、ある程度話を聞くことが必要です。依頼者のとりとめのない話を辛抱強く聞き、裁判との関係を冷静に分析してあげて、依頼者を安心させるという方法をとることが多いでしょう。弁護士のキャラクターや依頼者の姿勢にもよりますが、弁護士も、経験を積んでいくと自分に合った相槌の仕方などが身についてきます。

しかし、そうはいっても、依頼者のまとまりのない愚痴や感情的反発を100%受け止めていると、1～2時間の打ち合わせでは到底終わらなくなりますので、依頼者の話をやんわりと遮る技法は身につけておきたいところです。

2 慰謝料についての過度な期待を制する

相手方の不貞行為によって離婚までするのですから、依頼者としては、財産分与や慰謝料に大きな期待をもつのは自然なことです。しかし、芸能人の巨額慰謝料が頭にこびりつき、あわよくば自分もと考えている依頼者に当たったときは大変です。そのような過大な期待をそのまま放置して事件処理を進めていくと、自分の希望と現実の結果との大きな乖離の原因が弁護士の無能にあるとされ、弁護士に矛先が向くことがあります。早いうちに、一般的な判決の見込み、和解をする場合の金額など、ある程度の相場観を依頼者に理解してもらう作業が必要となります。

ただ、当たり前のことですが、裁判の相場を金科玉条のように伝えてしまうと、「この弁護士は私のために働いてくれない」等と思われ、信頼関係が崩れていくことにもなりますから、立証との兼ね合いによって金額が動くこと、相場の金額が絶対でないことも忘れず伝えておく必要があります。このことを励行しなかったために、相場と異なる金額での和解の合理性を依頼者に説得することが極めて難しくなってしまい、進退窮まってしまった弁護士も散見されます。

不貞行為の慰謝料の説明においては、不貞相手との共同不法行為に関する説明も不可欠です。依頼者は、配偶者から慰謝料をとり、さらに不貞相手からもかなりの慰謝料をとれるという算段をしやすいものです。配偶者から慰謝料をとった場合の法的効果についても、根気よく説明しておく必要があります。

Scene6　依頼者と方針を協議する

数日後、A弁護士は、Xから電話を受け、面談した。

A　お考えになった結論はいかがですか。

X　よく考えた末離婚することにしました。

A　そうですか。苦渋の決断だと思います。

X　離婚条件ですが、子どもの親権は私がとりたいです。養育費は、裁判所の算定表のとおりで結構です。**財産分与については、自宅マンションは私が取得して、夫に残りの住宅ローン400万円を払い続けてもらいたいと思います。預金は、夫婦合わせて1000万円くらいありますが、これは半分もらえるということですよね？**

⇒Review1

A　うーん、希望として相手方に伝えることはできますが、相手方に残ローンを支払ってもらって自宅マンションを取得するのに、預金も半分ほしいと言っても、相手方はなかなか同意できないかもしれません。

X　そうですか……。子どもの生活が不安定にならないように、自宅マンションはぜひほしいと思っています。こちらを優先して取得してもらえれば、預金は場合によってはもらえなくても構いません。 ⇒Review2

A　承知しました。慰謝料についての検討はされましたか？

X　慰謝料は、いくらでもよいからとりたいと思います。ただ、時間と費用を考えると、夫に対する訴訟は避けたいです。相手方女性に対しても請求するつもりですが、まずは夫の問題を片付けて、すっきりしたいのです。

A　そうですか。慰謝料額によっては、相手方女性に対する請求が認められなくなる可能性があることについては、いかがですか。

X　裁判をして認められなければ、それはそれで構いません。ただ、自分のしたこととその結果についてはちゃんと自覚して反省してもらいたいので、そのための請求だけはしたいですね。主人から相手方に請求しないことを条件とされた場合は、そのときに考えます。

A　それでは、Yさんと交渉してみます。最初からXさんの腹を明かすわけにはいきませんから、少し強気で交渉してみましょう。

［Review］

1　依頼者の過大な希望にどう対応するか

ケースでは、Xは、自宅マンションを取得しつつ、預金も取得したいと、財産分与の2分の1ルールから見ると過大な希望を述べています。A弁護士が相手方は同意しないだろうと述べたところ、すぐにXは預金の取得について譲歩する案を示していますが、現実には、依頼者は、いったん言い出したことをなかなか変えないことも多いものです。

弁護士としては、あまりにも一方的な希望を相手方にそのまま提示することについては、慎重であるべきです。何らの留保も付けずにそのまま提示しては、相手方から、「この弁護士はただ配偶者の希望をそのまま伝えてくる伝書鳩だ」「こいつと交渉しても無駄だ」と早い段階で見切りをつけられてしまいます。依頼者にとって有利な条件を相手方に提示することはよいのですが、その提示の前に、交渉の枠内に入るまで依頼者を説得することが、その後の交渉成立の可能性を高めるうえで重要です。

2　依頼者の要求事項に優先順位をつける

ケースでは、Xが、自宅マンション取得を重視したいことを述べていますが、離婚は当事者の生活を変えてしまう交渉である以上、ある程度柔軟に対応したいところです。

依頼者が特に重視する条件が何なのか、優先順位をつけると依頼者の頭も整理しやすくなります。感情的な優先順位と依頼者の生活にとって必須の優先順位については、弁護士がある程度選別し、実務の傾向も踏まえて、分かりやすい言葉で丁寧に説明します。あれもこれもとパニックになりがちな依頼者の頭の整理に資する説明や分かりやすい方針設定をすることも、弁護士の力量です。

Scene7 相手方と交渉する

A弁護士は、Yと面談した。

Ⓐ Xさんも、離婚する決意を固めました。親権は、Xさんがとりたいそうです。また、養育費は、裁判所の算定表のとおりで納得しています。

Ⓨ それで了解します。財産分与はどうなりますか。

Ⓐ 対象財産一覧表を作成しましたので、ご覧ください。 ⇒Review1 預金は半額の500万円ずつ分けるということにし、自宅マンションについては、お子さん達の環境が変わってしまうのはかわいそうですので、Xさんとお子さん達がそのまま住み続け、住宅ローンは、Yさんに最後まで支払っていただくというのはどうでしょうか。

Ⓨ それはあまりに不公平だと思います。自宅は売却して、プラスが出たら半額ずつ分け、ローン残金があったら私が返済します。

Ⓐ Xさんは、子どもの通学の関係もあるので、自宅を売却する考えはないようです。そこで、弁護士としての立場からの提案ですが、 ⇒Review2 自宅は売却せず、住宅ローンについては、Xさんが新たに借り換えローンを組めるような状況にありませんから、Yさんに返済してもらうこととし、その代わりに、預金については500万円に残ローン額400万円を上乗せした、900万円をYさんに取得いただくというのはどうでしょうか。 ⇒Review3

Ⓨ それならギリギリ検討することができますね。

Ⓐ ただ、ローン完済後の自宅マンションの取扱いですが、所有名義をXさんに移す考えはありますか。も

ちろん、名義変更に伴う税金問題はXさんの方で解決します。

Y　子ども達のために、了解します。

A　そうすると、慰謝料の問題が残りますが、Xさんは、家事を疎かにしたことはないといっています。また、ママ友との交際も、一般的な範囲内であり、遊びほうけたことはないといっています。

Y　納得できませんね。預金を財産分与の対象にしないなら、100万円なら支払いましょう。ただ、Cには一切金銭の請求しないという条件付ですよ。

A　Xさんとしては、Cさんには別途請求も考えているかもしれませんので、確認してみます。このために裁判をするのもどうかと思いますので、**たとえば、お2人併せて200万円であれば、合意できるでしょうか。**　⇒Review4

Y　高いですね。150万円でどうですか。

X　そうですか。Xさんの最終意見を聞いて回答します。

[Review]

1　婚姻関係財産一覧表を作成して提示する

交渉時に夫婦共有財産の内容が判明していない場合については、次項に譲りますが、ケースでは、財産分与となる資産・負債は当事者双方に判明しています。この場合、相手方との交渉の際にも、裁判所に提出するような形式の婚姻関係財産一覧表を作成して提示すると、客観的数値を見ながらの交渉がしやすくなります。2分の1ずつからかけ離れた金額での和解を希望している場合は、あえて提示しないという選択肢もあるかもしれませんが、早期解決を目指しているならば、調停になることなども見越して、早い段階で提示するとよいと考えます。

2 「弁護士としての提案」の使いどころは

依頼者からある程度バッファをもらっているとしても、交渉において相手方に花を持たせるために、あるいは依頼者の最終的な意思確認を行うために、「弁護士としての提案である（依頼者からはまだ了承を得ていないけれど）」として、相手方に譲歩条件を伝えることは可能です。いろいろな余地を残しておきたいときのマジックワードでもありますので、効果的に使いたいものです。

3 小刻みな金額の駆け引きは避ける

訴訟上の和解交渉では細かな金額の駆け引きがあることもありますが、相手方が本人の任意交渉では、あまりに細かい駆け引きをしすぎると、相手方が嫌気をさして以後の連絡が取りにくくなるなど交渉が停滞してしまう傾向があるように思います。早期に任意交渉のみで解決したい場合は、あまり細かな駆け引きを避け、いわば「駆け値なし」の金額を早めに提示することを検討すべきでしょう。

4 相手方から提案を引き出す

こちらから請求した金額を直後に大幅に減額するのは、交渉としては分が悪いところです。そこで、まずは相手方からの提案を待つこととし、最終的な駆け引きなしの金額の感触がつかめたら、相手方に提案する方法を考えるべきです。

Column 二枚舌

〔高中正彦〕

国語辞典では、「二枚舌」は、矛盾したことをいうこと、ウソをつくこととあり、弁護士が決してやってはいけないようなダーティー・イメージがあります。ところが、現実の交渉では、弁護士が二枚舌を使うことが多々あるように思います。たとえば、損害賠償の示談交渉で、加害者側についた弁護士は、できる限り支払額を少なくすべく、「本人は300万円も支払う考えは全くありません。200万円であれば、私が何とか説得できるかもしれません」などといって被害者側の腹を探ります。逆に、被害者側についた弁護士は、できる限り回収額を多くすべく、「本人は500万円でも少ないといっています。300万円であれば、私が何とか説得できるかもしれません」などといって対抗します。しかし、いずれも、腹の中（事前に協議して出した妥結可能金額）を見せていないのが通例です。つまり、弁護士は「二枚舌」を使っているのです。

それでは、その二枚舌を使うことは、弁護士の品位を損なうものなのでしょうか。私は、決してそうではないと考えます。この二枚舌によって、それぞれの依頼者は最大の結果を得ることができますし、交渉過程が透明化されて納得性が高まります。当事者本人が交渉の前面に立ったときに二枚舌を使うことはあり得ますが、簡単に譲歩すると、「何だ。はじめからいえばいいのに」といわれますし、譲歩を渋っていると、「決断力のない人だ。もう交渉打ち切りだ」といわれてしまい、活用範囲が限られます。しかし、弁護士がいると、二枚舌の活用範囲が広まるのです。

❷ 資産・収入を開示しない配偶者との交渉

[受任事件]

Xは、40歳の主婦であるが、会社員の夫Yが家庭にまともな生活費を入れなくなったため、5年前からパートに出て2人の子どもの学費と生活費を稼ぐようになっていた。XはYから暴言を浴びせられることが多かったが、その頻度や暴言の度合いがひどくなってきたことから、Xは、これ以上Yとの婚姻生活を継続することはできないと考え、ある日、置き手紙を残して、子ども2人とともに自宅を出て、両親の援助のもとに小さなアパートを借りて生活を始めた。

Scene 1　依頼者と打ち合わせる

X　夫Yと離婚したいと思います。夫の暴言に耐えられなくなりました。

A　Yさんに対して離婚する意思は伝えているのですか。

X　はい。自宅に残してきた置き手紙には、「離婚したいので、あとで離婚届用紙を送る」と書いておきました。

A　当面の生活資金はどうするのですか。

X　しばらくは両親からの援助がありますが、仕事を見つけたいと考えています。

A　子どもさんの親権は、あなたがとるのでしょう。

X　当然です。養育費については、裁判所の算定表のとおりになることは知っていますが、肝心の夫の収入が不明なのです。

A　夫婦で築いた財産はありますか。

X　自宅は賃貸マンションですし、私名義の預金はありません。夫の収入については、夫が管理していたので、預金がいくらあるか分かりません。株も少しやっていたようですが……。

A　そうですか。ご主人の預金については、どの金融機関のどの支店にあるか分かりますか。 ⇒Review1

X　はい。それは知ってます。証券会社も分かってます。ただ、肝心の金額が……。

A　預金先銀行の支店名と、証券会社さえ分かっていれば、もし任意交渉時に資料が出てこなくても、調停において、強く開示を求めることができます。もし任意交渉時に資料を提出してくれなければ、法的手続を考えましょう。ちなみに、私の弁護士費用はどうされるお考えですか。 ⇒Review2

X　先生の費用は、両親に立て替えてもらおうと考えています。両親も了解しています。

A　そうですか。それでは、Yさんと交渉してみましょう。

X　着の身着のまま家を出てきたので、そろそろ夏服を家に取りに帰りたいのです。夫がいない間に、家に取りに行ってもいいですか。 ⇒Review3

A　それは控えてください。離婚前提に別居を開始した以上、勝手に入るとYさんから住居侵入だといわれかねません。Yさんと交渉する際に、荷物についても話をしてみます。

A弁護士はYに宛てて次頁の通知文書を送付した。

▼ **通知文書**

令和５年○月○○日

Ｙ　　殿

東京都××区××丁目×番××号
凸凹ビル３階
Ａ法律事務所
電話　03－0000－0000番
Ｘ代理人
弁護士　　Ａ　　一　朗　㊞

前略

当職は、Ｘ氏の委任を受けた弁護士ですが、Ｘ氏は、貴殿との離婚を強く希望されておりますので、貴殿とお目にかかり、離婚のお考えの有無をお聞かせいただき、離婚のご意思がある場合には、離婚条件についての協議をさせていただきたいと考えております。

つきましては、ご面会の日時と場所を取り決めさせていただきたく、上記電話番号までお電話くださるようお願い申し上げます。

なお、Ｘ氏との離婚問題に関しては当職が全ての委任を受けておりますので、Ｘ氏本人への連絡は一切なされないようにお願いいたします。

上記お知らせ申し上げます。

草々

［Review］

1　配偶者名義資産をどう聞き出すか

依頼者によっては、財産管理を他方配偶者に任せきりにしていたため、どれくらいの資産があるか全く分からないという場合があります。もっとも、よくよく話を聞いてみると、ケースのＸのように、預金口座の金融機関名と支店名まで知っていたり、証券会社名は知っているにもかかわらず、当該情報の重要性を認識していないことがあります。依頼者には、「支店名は？」「会社名は？」「こういう資産はないの？」と例示しながら、できる限り細かく聞き出していきます。ケースでは、依頼者が既に他方配偶者と別居していますが、まだ同居している場合は、依頼者には「こういう資料がないかを確認するように」と指示を出して、同居している今でしかチェックできない資料の探索を無理のない範囲で依頼します。当初「資産は全く分からない」と言っていたのに、「そういえばこんなものがありました」として、配偶者が資産管理のために作成した資産一覧表を持ってきた依頼者もいます。

依頼者が夫婦共有財産についてどの程度の情報を保有しているかは、今後の処理にも大きく関わります。慎重に聞き取りしましょう。

2　財産がほとんどない人へどう対応するか

他方配偶者名義の資産がある程度見込まれても、依頼者にはほとんど資産がない場合が結構あります。ケースでは、依頼者の親が援助してくれるということですが、そのような支援者がいなければ、法テラスを利用することを検討する必要がありますし、場合によっては、弁護士報酬の支払方法を工夫する方法（たとえば、着手金を大幅減額し成功報酬金に上乗せする方法）を考えることになります。

3　別居開始後の無断帰宅をさせない

ケースでは、Xは、自分の荷物を取りに家に帰りたいと述べています。A弁護士のいうとおり、別居開始後の自宅への無断立ち入りは厳禁です。ただでさえ、配偶者は離婚に関して感情的になっていますから、無断立ち入りは、住居侵入といわれかねません。また、代理人弁護士についても、依頼者に帰宅をそそのかしたとして、懲戒請求をされかねません。依頼者は、「なぜ自分の家に入っては駄目なんですか」と不満をいいますが、「そんなにいうのなら中に入ってもいいですよ」と答えたときに限って、たまたま帰宅した相手方と鉢合わせという最悪の事態が待っているものです。

Scene2　相手方に電話連絡する

後日、A弁護士はYに電話をかけた。

Ａ　Yさんでいらっしゃいますか。私は、数日前に奥様のXさんから離婚の依頼を受けた旨の通知書を発送した弁護士ですが、今よろしいですか。

Ｙ　手紙を読んでびっくりしているんです。妻は、ある日突然に書き置きを残して子ども達と出ていってしまったんですよ。妻は、離婚原因を何といっているのですか。

Ａ　Yさんの生活費の不払いと暴言だと言っています。

Ｙ　生活費の不払いなんてありません。月々十分な金額を支払っていますよ。暴言といいましたが、それは妻があまりに私のことを口汚く罵るから、ついカッとなって厳しい言葉で返しただけです。 ⇒Review1

Ａ　しかし、Xさんの離婚の決意は相当に固いと感じています。どうされますか。いずれにしても、電話で済ませることでもないので、一度お会いしませんか。

Ｙ　会うのはかまいません。どこにしますか。

Ａ　喫茶店で話すことでもないと思いますので、私の事務所にお越しいただくのはどうでしょうか。 ⇒Review2

Ｙ　いいですよ。

[Review]

1　電話による長談義はしない

相手方Yは、電話口で、弁護士から離婚原因を聞いて言い訳を始めています。人間は自己の正当性を主張したがるものですが、今後直接面談することを予定している場合には、電話では議論に入り込まないのが得策です。電話という通信手段は、遠方にいる人は別として、面会日時等を決めるような単純な連絡に活用すべきであり、１時間、２時間と話し続けるようなツールではないと考えます。相手方が長々と話し始めたときは、「電話では要領を得ませんから、次にお目にかかった際にじっくりとお聞きします」と申し向けて電話を切るように心がけたいものです。

2　面談場所の選定は慎重に行う

交通事故の被害者との面談などとは異なり、離婚事件の協議については、婚姻生活における出来事、資産の内容などのプライベートな話題に終始しますので、依頼者のためにも、第三者に会話内容を聞かれる心配のない場所であることが必要です。一般的には、弁護士の法律事務所での面談を提案するべきです。ただ、警戒心の強い人は、弁護士の事務所への来訪を断ることがありますので、そのような事態への対応として、ホテルのロビー、喫茶店等を面談場所にすることを事前に検討しておくべきでしょう。「妻の依頼した弁護士の事務所に呼び出されるのは嫌です」と言われたときに、次善の策を用意していないと、「それでは面談の場所をどうするか改めて電話いたします」ということになってしまいます。

Scene3　相手方と交渉する

Ａ弁護士の事務所でＹと対面した。

Ⓨ　妻の離婚の考えは固いのですか。

Ⓐ　かなり固いようです。

Ⓨ　そこまで決意しているのなら、離婚に応じましょう。

Ⓐ　そうなると、離婚条件の話に入ることになりますが、お子さん２人の親権は、Ｘさんでいいですか。

Ⓨ　子ども達の考えに任せますが、養育費は妻の言いなりには支払いませんよ。妻の浪費に使われるだけですから。それに、これまでの子ども達の教育費が結構かかったため、私にはほとんど蓄えがありません

から、財産分与で支払うものはありません。

A 蓄えがないとのことですが、Xさんとしては、これまで生活費を十分出していただけなかったという認識です。その分、貯金や資産運用されているのではないのですか。

Y それは、Xの思い込みです。預金もないし、資産運用なんかしていません。

A それでは、預金がないことの証として、預金通帳と証券口座の明細を開示していただけないでしょうか。もし本当に預金がないようでしたら、それを前提に離婚条件を検討しますが、Yさんのお話だけでは到底信じられません。

Y いやですね。勝手に出ていったXに財産明細を開示するつもりなんてありません。 ⇒Review1

A 調停などの法的手続になったら、いずれにせよ開示いただくことになりますよ。法的手続にして、調停委員や裁判官の目線が入りながら、開示いただくのでも構いませんが、離婚について同意されているということですし、法的手続になった場合の費用や時間のことを考えても、任意でお出しいただけないですか。 ⇒Review2

Y 私の考えは絶対に変わりませんよ。離婚はしますが、財産は渡しません。

A それではXさんと相談のうえ、ご連絡させていただきます。

[Review]

1　頑なな相手方にどう対応するか

ケースでは、Yは、離婚には応ずるが、養育費は言いなりに支払わない、財産分与の対象財産はないと言い張り、頑なな姿勢を崩しません。そのような相手方に対しては、一定の説得を試みるのは当然として、それでも姿勢が変わらなければ、早々に交渉をあきらめて法的手続への移行を考えざるを得ません。

あまりに頑ななときには弁護士としてもついついカッとすることがありますが、怒鳴っては元も子もありません。相手方は頑なな態度をわざととり続けて弁護士を挑発し、その挑発に乗ったら、「弁護士のくせに大声を出してなんですか」等と態度を豹変させて反撃してくることもあります。弁護士の態度が社会通念に照らして度を越したと認められれば、懲戒処分を受けることすらあります。

2　理詰めの交渉と泣き落としの交渉の使い分け

交渉相手には、理詰めの交渉を嫌う人がいます。法律ではこうなっている、裁判実務ではこうなっていると畳みかけていくと、自分が劣位にあると感じて、「話を聞きたくない」と言い出します。しかし、分かりやすい言葉で、理論を丁寧に説いていくと、「そうなんですか」といって譲歩してくることがあります。

また、理屈ではなく、相手の情に訴える泣き落としに弱い交渉相手もいます。日本人は一般的に「浪花節」に弱いとされ、泣き落としにかかると、「そこまで言われるのなら」と折れてくることがあります。しかし、「そんなのは理屈になっていない」として泣き落としを嫌う交渉相手もいます。要は、交渉相手の性格を素早く見抜く技量を身につける必要があるということになるでしょう。

Scene 1　依頼者と方針を協議する

A　交渉の結果、Yさんから離婚に応ずるとの回答を引き出しましたが、養育費は言いなりに払わない、財産分与と慰謝料はお金がないから支払わないと居直っています。

X　夫名義の財産を調べる方法はあるのですか。

A　先日も少しお話ししましたが、調停では調停委員や裁判所から、強く財産開示を促されますし、訴訟になった場合も、同様です。訴訟では、文書提出命令といって、裁判所が金融機関に開示するよう命令することもあり得ます。 ⇒Review1

今回はXさんがYさんの預金の金融機関名・支店名や、証券会社などをご存じということですので、法的手続になってもYさんから資料が意図的に提出されなかったら、これらの手段に出ます。

ただ、残念ですが、任意交渉段階においては調べることは極めて困難です。現時点で資料のないまま交渉するか、法的手続をとるかですね。 ⇒Review2

X　法的手続は、時間がかかると聞きました。私としては、元々夫にはあまりお金の期待はしていないですし、それよりも、早く離婚したいという気持ちの方が強いです。財産分与は少額でも良いので、早く離婚する方向に持っていっていただければと思います。

A　分かりました。少しでも財産分与を認めさせるべく、Yさんと交渉してみましょう。 ⇒Review3

[Review]

1　依頼者に対して法律制度・実務運用をどう説明するか

依頼当初は不安感を露わにしていた依頼者も、依頼した弁護士の交渉が始まっていくと、徐々に感情が落ち着いていきます。その時期を見計らって、法律の仕組み、その解釈、裁判実務の傾向等について、分かりやすい言葉で説明をし、解決のための道筋を理解してもらうようにすべきです。訴訟の期日ごとに経過報告書と相手方の提出した書面とを送付し、節目ごとに進行方針の打ち合わせをしていると、当事者自身が和解案はこのようになるのではないかと考え始めます。裁判所の和解勧告があったときにも、覚悟ができているということにもなります。

2　依頼者にあきらめさせる説得はどうするか

交渉を重ねた結果、依頼者が希望する結果はとても獲得できそうもないということになると、依頼者にあきらめてもらうように説得する必要が出てきます。しかし、この説得は実に難しいのです。「私も頑張ったけれども、相手方が全く譲歩しないから、残念だけれどこのくらいで妥結した方がよいと思う」等と言えば、「それは先生の実力がないからではないのですか」と反撃されかねません。交渉経過を丁寧に報告し説明しておけば、そのような言葉を浴びることは少ないと思いますが、報告や説明が十分でないと、依頼者とギスギスした関係に陥ることになり、最悪の場合は解任されます。

3　時機を利用してまとめる

任意交渉でも裁判でも、「いいお正月を迎えましょう」と、年末での和解成立を目指して実現することがよくあります。統計をとったわけではありませんが、年末はよく和解が成立している印象があります。年度末、長期休暇前、相手方の転機（転職、転居など）の前など、時期を見計らって交渉し、早期解決を目指したいものです。

Scene5　相手方と支払金額を交渉する

Ⓐ　Xさんと協議したのですが、子どもの親権はXさんがとることで争いはないようです。その養育費ですが、言いなりに支払わないといわれましたが、**調停を申し立てれば、裁判所の算定基準表を示されてそのとおりの結論を示されることはご存じでしょうか。**　⇒Review1

Y　ネットで調べました。あとで、源泉徴収票を渡しますから、それで算定してください。

A　そうすると、問題は、財産分与になります。まず、財産分与ですが、やはり資料はお出しいただけないのでしょうか。

Y　そうですね。

A　先日ご説明したとおり、調停や訴訟において最終的に開示いただくことになると思うのですが、それでも開示いただけないのですか。

Y　そうですね。

A　それでは、資料開示いただかない前提でも、たとえば500万円程度、財産分与ないし慰謝料を支払っていただくことはできないでしょうか。

Y　慰謝料なんて発生しませんよ。私は何も悪いことはしてないし。

A　それでは「解決金」ではどうですか。あるいは、「結婚解消金」とか「和解金」でもいいですよ。 ⇒Review2

　法的手続には時間も費用もかかりますし、財産分与額は、客観的資料を開示することになり、それに基づいて定められます。また、慰謝料についても認められるかもしれません。 ⇒Review3

　Xさんは、これから子ども2人を養育しながら生計を維持していかなければなりませんから、住居を確保する費用をはじめとして物入りです。そこを考えていただき、まとまったお金を検討してもらえませんか。Xさんの生活が安定するということは、Yさんにとっても可愛い2人の子どもさんの生活も安定するということですから。

Y　うーん。子ども達のためにね。では、なんとかかき集めて300万円出しましょう。これ以上は絶対に無理です。

Ⓐ　直ちにXさんと協議してみます。

［Review］

1　相手の法律知識を利用する

前述したように、相手方本人は、インターネット等でかなりの法律情報を事前に収集しているのが通例です。相手方との交渉の中で、あなたは知らないだろうというような態度で法律解釈や裁判例などを説明すると、相手方としては、見下されたような気持ちになり、交渉が難航することにもなります。相手方の反応を見ながら、よく知っていそうな事柄については、「あなたならよくご存じだと思います」というような配慮を見せて交渉するのがよいと思います。

2　名を捨てて実を取る交渉を心がける

仮に依頼者が「慰謝料」という言葉にこだわっていたとしても、相手方が慰謝料という名目で金銭は一切支払わないという姿勢を見せることはよく見受けられます。相手方にしてみれば、悪いことをしたことを認めたうえでの謝罪の趣旨が色濃く出る「慰謝料」の言葉を嫌うのは理解できます。また、任意の交渉が決裂した後の裁判手続において、慰謝料支払義務が発生したことを認めた交渉の事実が表に出るのが嫌なのも当然です。そのようなときこそ、名を捨てて実を取ることを依頼者に説得すべきです。実務でも、和解条項の表現として「解決金」や「和解金」の名目を利用することが多いことを丁寧に説明すれば、理解が得られることが多いでしょう。

3　交渉相手のウィークポイントを攻める

ケースでは、おそらく相手方には一定程度の資産があり、裁判手続になると、財産分与額もある程度高額になる可能性があるように認められます。交渉相手が頭の切れる人である場合は、A弁護士ほど直接的に説明する必要はないかもしれませんが、相手方のウィークポイントは上手に突きたいところです。

相手方のウィークポイントは、事案によってさまざまですが、資産を隠している場合は、法的手続における資産の開示の可能性を認識させるところでしょう。

なお、ウィークポイントを突く場合、脅迫まがいな話をすべきではありませんし、そのような必要もありません。むしろ、アドバイスをするような形で、任意交渉が相手方にとっても得だと思えるように説明すべきです。ケースでは、A弁護士は、「財産分与額は、客観的資料を開示することになり、それに基づいて定められます。また、慰謝料についても認められるかもしれません」とやんわり可能性を指摘するにとどめていますが、相手方がすぐに理解できないようであれば、単刀直入に切り込んでいくことになると思います。

Column 聴取力を磨く

依頼者から言い出しにくい真実を打ち明けさせるために、話しやすい雰囲気づくりを心がけたやりとりを重ねます。しかし、それだけではうまく聞き出せない場合もあります。

何の機会かは忘れましたが、先輩弁護士から「今から50年前の法曹の姿が分かるよ」といわれて、ジュリスト700号記念特集号「日本の法律家」を渡され、パラパラと読んでいたら、ある検察官の寄稿が目に止まりました。とある地方都市で起きた脱税事件で頑なに否認を貫く被疑者を連日取り調べていたところ、ある日被疑者から「今日は何曜日ですか」と聞かれ、「日曜日です」と答えたら、さらに、「検事さんは子どもをお持ちですか」と尋ねられ、「学校へ入る前の子どもが１人います」と答えたそうです。すると、その被疑者はしばし考え込んだ後、「私は検事さんの誠意にこたえます。家族を犠牲にして日曜日まで仕事に打ち込まれるあなたを私は騙せません」と述べて全容を自白したという話が載っていたのです。場面は違うものの、誠意を重ねて頑張って仕事をすることで信頼関係が生まれ、仕事がやりやすくなるのは、どの職業にもいえるかもしれません。やはり１件１件、愚直に一所懸命に仕事をするしかないと思うのです。

また、同誌には、別の検察官の寄稿で、「法律家にとって、洞察力は唯一不可欠の素質であり、他のどの職業の人よりも鍛えぬかなければならない」との記載がありました。確かに、検察官だけでなく、弁護士にとっても洞察力は重要な要素であると思います。依頼者から話を聞き出すとき、相手方と尋問で対峙するとき、裁判官の話を聞くときなど、さまざまな場面で洞察力が必要となります。もっとも、意識してもなかなか身につくものではないのが実に難しいところです。

〔西田弥代〕

3 離婚する気のない相手方との交渉

[受任事件]

歯科医院を開業しているX（60歳）と妻Y（57歳）とは、20年前に一人息子の中学受験で意見が対立したことから、Yが、長男とともに自宅から離れた賃貸マンションに移った。その後YはXが送金する婚姻費用でマンション家賃と生活費のすべてをまかなっている。長男は、大学受験に失敗し、31歳になっても定職に就かずにたまにアルバイトをしている状況である。Xは、Yと離婚したいと考え、A弁護士に依頼した。

Scene1　依頼者と打ち合わせる

X　もう20年も別居しているのですから、離婚は認められますよね。すぐにでも離婚したいです。

A　別居は、お互い合意して始めたのですか。

X　子どもの中学受験でもめて、妻が子どもの学習環境のいいところに引っ越したいといってきたのです。私は仕事の関係上、遠方に引っ越すことはできないのですが、喧嘩も続いていましたし、子どもの教育にもよくないと考えて別居を認めました。

A　受験を終えて自宅に帰ってこなかったのですか。

X　子どもの中学と高校は賃貸マンションからの方が通いやすく、そのままになってしまいましたが、大学受験に失敗して、今は無職です。それから13年、家に帰ってきません。

A　普段は会ったりしていないのですか。

X　Yは全く自宅によりつきません。年に1、2回ファミレスで形だけの食事して、年に数回事務的なことについてのメールをやりとりする程度です。離婚は認められますか。

A　そのような実態であれば、離婚は認められる可能性は高いと考えますが、簡単にすぐ離婚できるとは思わないでください。20年間、離婚を口に出さず婚姻費用をもらい続けたＹさんが、裁判になれば離婚が認められる可能性があるからといって、すぐに離婚に応じてくるとは限りませんよ。 ⇒Review1

X　それでは、一刻も早く調停を申し立てていただくのがよいのでしょうか。

A　調停も裁判も時間がかかります。これまで正式に離婚についての話をしたことはないとのことですから、ひとまずＹさんがどのように考えているか聞いたうえで、すぐに調停を申し立てるか、方針を考えましょう。

[Review]

1　離婚の話し合いをしたことがない依頼者の対応は

離婚の意思を相手方に伝えないままに離婚交渉を依頼する人がいますが、相手方が簡単に離婚に応ずることはほとんどないことをまず理解してもらうことが必要です。「大丈夫ですよ。今までの判例によれば婚姻関係が破綻していることが明らかですから、相手方もすぐに離婚に応じてくると思いますよ」等と軽い対応をすると、後で「あれだけ見得を切っていたのに、全く見通しが違ったではありませんか」と責められることになります。事務所のホームページに「当事務所は、ご依頼者様に常に寄り添い、その希望を叶えるために最善を尽くします」という記載を見たことがありますが、そのような事務所では、依頼者に意見をしたり、制止したりすることはできないのではないかと心配します。

Scene2 相手方と面談する

A弁護士は、YとA法律事務所で面会した。 ⇒Review1

A 私は、Xさんからあなたとの離婚の交渉を依頼されました。お2人の別居期間は20年にもなり、その間YさんがXさんの自宅に全く寄りつかなかったことから、夫婦関係が完全に破綻しているというのが理由です。

Y そんなことはありません。マンションを借りたのは約20年前ですが、夫婦で話し合って、子どもの塾に近いところに選んだだけのことです。契約者もXです。私は20年間全く自宅に帰らなかったわけではありませんし、夫は、1年間に数回は私と息子が住むマンション近くまで来て食事をしていました。夫婦としての実体がきちんとありました。

A 離婚原因がないということでしょうか。

Y そうです。いまさら離婚なんて、その先の人生が全く見えませんし、応じることはできません。

A 今の生活パターンを変えたくないということでしょうか。

Y そうです。

A 離婚条件いかんによっては離婚してもよいということはないのですか。

Y 私と長男の将来の生活費が確保され、不安のない人生を送ることができるのであれば、婚姻関係を何としても続けるとはいいません。

A Yさんは今後も働かないという前提ですか。

Y もちろんです。結婚する前に少し働いたことはありますが、この歳になって今さら働けません。

Ａ　Ｘさんと協議したうえで、もう一度お目にかかりたいと思います。 ⇒Review2

［Review］

1　相手方本人の考え方をよく聴取する

Ｙとの面談の結果、Ｙが意外にすんなり離婚に応じるという理想的な展開ではなく、Ｙは、今後の生活を含めてＸに生涯面倒を見てほしいという離婚には後ろ向きの考え方であることが分かりました。

ケースは、調停になると代理人弁護士が就任する可能性が高い事案と思いますが、代理人および調停委員を通したやりとりになると、相手方本人の考え方や意見がダイレクトに伝わってこないことが多々あります。相手方本人の考えや意見を直接聞くことができる機会は貴重なものです。今後の和解案を提案するうえでも参考になりますので、生活状況や考え方をよく聴取しておく必要があります。

2　手札がない中で無理な交渉はしない

Ａ弁護士とＹとのやりとりを見ていると、Ｙとしては、今の状況（Ｘから生活費の送金がある状況）に満足しており、容易に離婚に応じることはなさそうです。

相手方本人との交渉においては、相手方から自分のことを最低限信用してもらわないと、協議が進みません。そのようにするためには、依頼者からある程度Ｙに対する支払額のバッファを得てからでないと、交渉をしてもＹから信用されずに終わってしまう可能性が高いといえます。たとえば、「この時点で裁判になったら、Ｘさんの請求が認められて離婚が成立する可能性が高いですよ」といったところで、Ｙが怖じ気づいて「そうですか」と応じることはほとんど考えられません。むしろ自分の不利になるかもしれないと考えて今後の交渉に応じなくなる可能性が高くなります。

初回から無理に交渉をせずに、まずは意見を持ち帰るということも大事です。

Scene3　依頼者と方針を協議する

A　Yさんは、現状を何としても維持し、Xさんに一生面倒を見てもらうつもりのようでした。

X　とんでもないです。裁判になったら離婚が認められるのではないですか。

A　私も、そのように考えます。しかし、Yさんは、別居していても夫婦の実体はあったといっています。この点については話し合いに応じそうにありません。

X　すぐに調停を起こせませんか。

A　可能ですが、それでYさんが軟化するとは到底思えません。代理人がつくとしても、Yさんの言いなりに行動する弁護士が出てくるでしょう。調停も伝言ゲームとなりそうです。 ⇒Review1

X　すぐに訴訟にすればよいのではないですか。

A　ところが、調停を1回で不成立にすることはまず無理だと思います。離婚訴訟でも、裁判所は和解によって解決しようと考え、こちらに譲歩案を示すように求めてくることも多いので、ある程度時間がかかります。

A　それはおかしいでしょう。駄々をこねた人が得をするのですか。

X　現実問題としていえば、駄々をこねて裁判を長引かせ、それによって有利な結果を勝ち取る手段を選択する人は間違いなくいます。また、裁判官の和解勧告に従う場合でも、財産分与についていろいろ注文をつけてくるのが一般です。

A　そういうYを妻に選んだ私の自己責任というわけですね。そうなら、今のうちに思い切った解決案を提 ⇒Review2

示した方がよいということですか。

X　さすが、そのとおりです。思い切った案が出せるのであれば、代理人が就任していない今の時点で回答期限付きの案を出して、解決を図るということも考えられます。ただ、思い切った案でもYさんの心が動かないようであれば、すぐに調停を申し立て、その中で協議していきましょう。

[Review]

1　相手方本人との交渉の機会を生かす

ケースでは、Yは、毎月40万円の婚姻費用（賃貸マンション家賃を含む）を受け取って悠々自適に暮らしており、一生今の生活パターンを変えたくないという希望を持っています。このようなYは、離婚を急ぐ必要はなく、おそらく返事ものらりくらりとしたものになるでしょう。また、不安になって代理人をつけるにしても、現状を維持するという方針に従う弁護士に頼む可能性が高いといえます。

相手方に弁護士が選任されても依頼者の意見を忠実に伝言することしかしないような弁護士であれば、任意交渉段階で本人と協議する方が、直接的であり、話が先に進む可能性があります。余計な時間を使わないために、すぐに調停を申し立てるということも考えられますが、A弁護士は、まずは本人と交渉できる機会を生かすことにした選択は、正しいと思います。

2　依頼者に解決案を導き出してもらう

ケースでは、X側から思い切った解決案を示すことが解決の突破口になると気付き、自ら解決策を導きました。これに対し、A弁護士が「さすが、そのとおりです」と褒めています。

依頼者に対する解決方針の説得については、弁護士の方からこれまでの経験や実務運用を踏まえて「こうすべきだ」と方針を打ち出して説得することが一般的のように考えられますが、依頼者が自ら回答を導き出せるように状況を説明し、依頼者の口から解決案を語ってもらうということもあります。依頼者が自ら熟考検討して、解決方針を導き出すことに弁護士が賛同するという方法は、依頼者の納得感もかなり違うのではないでしょうか。

Scene4 依頼者を説得する

A 現在のXさん名義の財産は、自宅の土地建物（約5000万円）、預貯金（約2000万円）、株式（約1000万円）の合計8000万円ということですが、**財産分与として半分の4000万円を提示しただけでは承諾しないでしょう。5000万円を用意する考えはありますか。** ⇒Review1

X そんなに用意するのですか。

A 早く離婚したいと考えるのであれば、相手方が飛びつくような思い切った案を示すことがよいと考えます。失礼なことを聞きますが、再婚を考えている女性はいますか。

X そんな女性はいません。ただ、いつかは再婚したいとは思いますが。

A そうであれば、**もっと前向きの人生をお金で買いませんか。** Xさんの場合は、歯科医として定年のない職業ですから、今までと同じように歯科医療に邁進すれば、1000万円とか2000万円程度のお金はすぐに回復できるのではありませんか。このままYさんに月額40万円、年額480万円を仮に5年間送金し続けると2400万円にもなりますが。 ⇒Review2

X そういう考えもありますね。決断しましょう。預金と株券を全部渡すことのほかに現金で2000万円を何とか用意しましょう。

Ⓐ　それでYさんと交渉してみます。

[Review]

1　目的実現のための思い切った案を示す

一生面倒を見てもらうつもりのYは、早く離婚をするメリットはありません。離婚に応じるとしたら、一般的な離婚よりもはるかに優遇を受けたと感じるときでしょう。

たとえば、一般的な離婚よりも500万円の優遇を受けるという話であれば、Yとしては、1年と少しの婚姻費用をもらい続ければ、事実上その金額は回収できてしまいます。Y自身は、自分の生活を変えたくないという強い希望を持っているのですから、その程度の提案では和解に応じてくることはなさそうです。インパクトある思い切った策を考える必要があります。「調停や訴訟の実務では、この程度が相場ですよ」というアドバイスに拘泥していると、おそらく道は開けないと思います。

2　目から鱗の「決め台詞」で説得する

大幅に譲歩する案を検討している本件ケースでは、依頼者に対する説得も重要です。単に「Yさんは納得しないと思いますよ」「私としてはもう一段の譲歩が必要だと思いますよ」だけでは、依頼者も納得感がありません。「前向きの人生をお金で買う」という目から鱗のような説得だったらどうでしょう。前向きな印象をもって和解案を検討することができるのではないかと思います。また、人生を買うという目標達成のためのスピード感も出ます。依頼者が納得しやすい和解案となるように、「決め台詞」はよくよく検討しなければなりません。

Scene5　相手方と交渉する

A　離婚するつもりがないとのお考えに変わりはありませんか。

Y　変わりません。離婚したらあと30年をどう生きていけばいいのですか。

A　現時点のYさんの財産一覧表を作成してみましたので、お渡しします。全財産は約8000万円です。その半分は4000万円ですが、私からXさんを強く説得して1000万円上積みした5000万円を支払う案を用意しました。5000万円のお金にYさんの年金を足せば、将来の不安はなくなると思います。 ⇒Review1 ⇒Review2

Y　しかし、5000万円なんてすぐなくなってしまいます。

A　すぐなくなってしまうというのは、浪費するからではありませんか。 ⇒Review3

Y　夫は私の一生を保障するべきではないのでしょうか。

A　それは違います。これまでは夫婦としての実体があったというYさんの主張を前提としても、今後この別居状態が続いて離婚が認められると、Yさん名義の財産も加味されますので、XさんからYさんに財産分与として支払われるのは4000万円より低い金額になってしまいますよ。これまでYさん名義の財産はお聞きしていませんが、調停や訴訟になれば明らかにしていただくことなりますが。

Y　そうなのですか。

A　今回、Xさんとしては、なんとか5000万円なら用意できるそうです。離婚調停などを経ずに早期に解決するための特別な案だと考えていますので、どちらの法律相談に行かれても、決して相談弁護士から低額だとはいわれないと思います。そこで、今回のご提案の有効期限は、来月末日までとさせていただきます。調停・訴訟になった場合は、Xさんの年齢を考えてもお金を借りてまで上乗せのご提案をすることはないと思いますので、よくご検討ください。

［Review］

1　財産一覧表を渡すかどうかを検討する

調停になれば、双方名義の婚姻財産一覧表を提出しますが、ケースでは、別居の開始時期（財産分与の基準時）が争点になりそうです。財産分与対象財産を示す財産一覧表を渡すと、今後他の基準時を主張するうえでの妨げになる可能性もあります。そう考えると、財産一覧表の提出には慎重になってきます。しかし、他方で、金額を提示するうえでの根拠が明確に示されないと、長期間別居しているYとしては、もっとX名義の財産があるはずだと勘繰り、その勘繰りが強ければ強いほど、全く協議が進まないことになってしまいます。

そこで、A弁護士としては、現時点のYの財産一覧であるとして財産一覧表を開示しました。これは、やむを得ないと思います。ただ、その後の調停や訴訟においてこの財産一覧表が独り歩きしないように、表の欄外などに、財産分与対象財産として認めるものではなく、現時点の財産の一覧であることを注記しておくことがよいでしょう。

2　生活の不安を取り払うための説得をする

Yは、とにかく今後の生活を心配しています。この点、A弁護士の説得では少し足りない面があるかもしれません。年金の額の概算が分かれば、その金額も口頭で提示してもよいと思いますし、平均年収をもとにした婚姻費用を算出して、5000万円があれば相当な長期間（おそらく終生）平均的な生活を送ることができるであろうことを示してもよいかもしれません。

3　場面に応じて相手方に厳しい指摘をする

ケースでは、A弁護士は、「5000万円なんてすぐになくなってしまう」という甘い発言をするYに対し、「浪費するからではないか」と諭しています。仮にYが「5000万円なんて、Xならすぐに稼げるでしょう。少なすぎる」などとさらに不合理な主張をしてきたら、Yに対しより厳しく指摘（もしくは叱責）しなければならないかもしれません。機嫌をとる言動ばかりしていると、Yとしては、自分が有利だと思って、金額をつり上げてきます。主張・指摘すべき点については、Xの利益を擁護する職責を負う者としてしっかり伝える必要があります。もちろん、敵側の弁護士から厳しいことをいわれると激昂して交渉を拒否してくる事態も十分ありますから、厳しい指摘や叱責は、相手方の資質を十分に見抜いたうえで行うべきです。

4 離婚原因がはっきりしない交渉

[受任事件]

Xは、3年前に結婚した妻Yと離婚したいとのことで相談にきた。Xによれば、Yは、Xが何か注意したりすると、その後ふてくされて家事もしなくなること、Xはスポーツ好きで活動的であるが、Yは家に閉じこもるタイプであること、子どもはおらず最近は夫婦の営みも全くないとのことであった。Xは、1年前に転勤し社宅に1人で住み、Yは、実家に帰って生活しているところ、毎月定額をYの生活費として送金している。A弁護士は、Xが離婚したい理由があまり腑に落ちなかったが、XはYと離婚したいとの一点張りであったため、Xの意向に従い、Yに対して受任通知を送付した。

Scene1 相手方と電話連絡する

Y お手紙をもらいましたので、電話をかけました。夫は私との離婚を望んでいるのですか。

A Xさんからは時間をかけてお考えを聞きましたが、離婚の意思はかなり固いようです。

Y 離婚の理由は何といっているのですか。

A いわゆる性格の不一致だといっています。詳細は、お目にかかったときにお伝えしたいと思います。 ⇒Review1・2

Y Xに女性がいることはご存じですか。

A えっ。そのようなことは全く聞いていませんが。 ⇒Review3

Y 私も確証があるわけではありません。ただ、数年前から、どうも女性の臭いがするのです。ワイシャツに香水の匂いがしたことがありますし、私が知らないネクタイを締めていたりしていたのです。

Ⓐ そういう話を聞くと、Xさんから話を聞いて、またご連絡せざるを得ません。しばらく時間をいただきたいと思います。

Ⓨ 私は急ぎませんから、どうぞ。

［Review］

1 依頼者の話に不審な点があるときの対応

依頼者が、どう考えても腑に落ちない、あるいは、にわかに信用することができない話をすることがあります。そのような場合に、すぐに不審であることを指摘すると、「私の言うことが信用できないというのですか」などと反発されて、逆に真実を語ってもらうことが難しくなってしまいます。しかし、かといって、そのままにすると、依頼者のためにもならないところです。確実におかしいとまではいえない場合は、まずはそのまま話を聞き続け、ある程度信頼関係が構築されてから「ところで、○○というお話は○○ということから考えると、どうも辻褄が合わないのですが」等といって真実を聞き出すようにすればよいと思います。

2 依頼者を全く説得しない弁護士が増えている

人間は不合理な生き物だとの観念がなく、依頼者は常に正しいと考えているためでしょうか、それとも、事務所ホームページなどに「依頼者様のご要望に100%お応えします」などと記載しているためでしょうか、依頼者を全く説得しないタイプの弁護士が増えているように感じます。そのような弁護士にあたると、まともな交渉はほとんど不可能です。依頼者の言いなりに動く弁護士は、昔からいたとのことですが、やはり他の弁護士からは信頼されなかったのではないでしょうか。弁護士は、依頼者の正当な利益を実現する役割を負っていますが、そのことは依頼者のいうことに盲従し、依頼者を一切説得しないことを意味しないと考えますが、どうでしょうか。

3　依頼者から聞いていない話を突如されたとき

A弁護士は、Yから、Xに女性がいるかもしれないとの話を聞き、Xから何も聞いていなかったので、少しうろたえています。A弁護士自身、Xのいう離婚理由に納得がいっていなかったこともあって、自分の気持ちが素直に声に出てしまったのかもしれません。しかし、相手方はこれを聞き逃しません。「弁護士は依頼者から本当のことを聞き出していないから、今後の交渉は注意しよう」と考えます。依頼者から聞いていない話をされたときは、とにかくポーカーフェイスを心がけ、ケースのような不貞の話が突如出てきたときは、「そのようなことは聞いていません」ときっぱりと否定したうえ、「その話がもしも本当だったら、今後の話し合いも違った方向になりますから、念のため本人に確認してみます」という程度にしておくのがよいでしょう。

Scene2　依頼者と打ち合わせる

Ⓐ　Yさんと電話で話をしました。

Ⓧ　Yは、離婚について何といっていましたか。

Ⓐ　具体的な離婚の話に入る前に、Yさんは、Xさんに女性がいると言い出したのですよ。

Ⓧ　**そんな人はいませんよ。いつものYの妄想ですね。**　⇒Review1

Ⓐ　別にいてもいいのですよ。**私は、Xさんに有利なことも不利なことも全部知らせてもらわないと、Xさんの希望を叶えることが難しくなるのですよ。医師が痛いところをすべて言ってもらわないと的確な治療ができないのと同じですよ。**　⇒Review2

Ⓧ　そのような女性はいませんね。

Ⓐ　いるのではありませんか。隠さなくてもいいですよ。

Ⓧ　……実はいます。

Ⓐ　その方と結婚したいと考えていますか。

X　考えています。実は、父親と母親からは、早く孫の顔が見たいと盛んに言われていますが、それを聞くたびに辛くなります。

A　そこまで相手方女性のことを考えているとなると、調査会社をつけるなどされてすぐにＹさんにも判明してしまうかもしれませんね。

X　確かに。週に何回も会っていますし、転勤先の家にも泊まりにきていますので、調査会社をつけられたらアウトです。

A　またまた失礼なことを聞きますが、預金はいくらありますか。

X　結婚前からの預金が700万円ありますが、結婚してからは、預金がほとんどできなくなっています。

A　そうですか。Ｙさんがいずれ X さんに他に女性がいることの確証をつかむことを前提にすると、現時点で相手がいることを認めた方が、離婚協議が早く進む可能性が高いのではないですか。もちろん、慰謝料などの請求はあると思いますが。

X　確かにそうかもしれません。妻の実家は裕福ですし、妻のプライドは高いので、私にしがみつくこともないかもしれません。

A　今の話を元にもう一度Ｙさんと協議してみましょう。

[Review]

1　依頼者の嘘を見破る

Ａ弁護士は、なんとなくＸの離婚理由について疑いをもっていました。

依頼者の話を聞いていると、どうも納得いかないときがあります。配偶者の文句ばかり言うものの、それが大したことではないように聞こえたり、こじつけに聞こえたりという場合です。そうこうするうちに、依頼者から

「配偶者に不貞がバレた」などと告白されて納得させられます。たとえば、夫に不貞相手がいる場合に、相手方である妻にそれを伝えることには極めて慎重である必要がありますが、伝えた方が「やはりそうでしたか」とされて話し合いが早く進むこともあります（もちろん伝えるにあたって依頼者の了解は必要です）。いずれにせよ前提として、依頼者の話はよく聞き、見破れる嘘は早めに見破りたいところです。

2　依頼者から本当のことを聞き出す

依頼者との信頼関係が十分に構築されていない初期の段階では、依頼者が事実の一部しか話してくれていないことや嘘をついてくることがあります。弁護士としては、早い段階で、真実をしっかり把握していないと依頼者にとってベストの弁護ができないことをしっかりと伝えることが大切です。ケースでは、医師の例を挙げましたが、ほかに、真実を知らされなかったために失敗した例などを挙げて説明してもよいかもしれません。

Scene3　相手方と交渉する

A弁護士は、Yに連絡をとり、A弁護士の事務所で面会した。

Ⓐ　その後Xさんとよく話をしたのですが、最終的には付き合っている女性がいることを認めました。Yさんの予感が的中していました。

Ⓨ　そうですか。Xは、その人と結婚したいといっていたのですか。

Ⓐ　私が問い詰めると、そのとおりといいました。

Ⓨ　そのような状況にあるのであれば、私もXにすがりつくつもりもありません。しかし、Xに女性がいることは私の両親にも話してあり、父親は激怒しています。

Ⓐ お父様のお気持ちは分かります。 ⇒Review1

Ⓨ 父は、慰謝料をたっぷり支払ってもらうといっています。私も、相場の慰謝料で離婚に応ずることはしません。

Ⓐ 失礼ですが、慰謝料としていかほどをお考えなのでしょうか。

Ⓨ 父親は少なくとも1000万円といっています。私も同じ考えです。 ⇒Review2

Ⓐ そうですか。X本人に伝えたうえで、お返事したいと思います。

[Review]

1　交渉相手の怒りをどのように受け止めるか

ケースでは、A弁護士は、Yやその父親が怒っていることについて、「よく分かります」と述べています。交渉相手の怒りを受け止める手法は個々の弁護士によってさまざまかもしれません。真剣に頷きながらひたすら聞くにとどめるか、分かるといって同調の言葉を発するか、ポーカーフェイスで聞くだけにするか、さまざまでしょう。ただ、少なくとも気をつけたいのは、すぐに否定したり、あるいは言い訳的な話をしないことです。そのようなことをすると、火に油を注ぐようなことになりかねません。まずは話をよく聞いて、少し相手方が落ち着いてきてから、話を進めるべきです。

2　想定外の提案を受けたときにどう対応するか

Yからは、1000万円というかなり高額の慰謝料の要求がありました。このような破格の提示を受けたときは、依頼者との事前協議のいかん、法的立場のいかんによって、対応が変わります。

まず、依頼者との事前協議により、一定額以上での和解はそもそもあり得ない（決裂してもよい）ということが決定している場合は、その場で

「さすがにそれは無理だ」と伝えるのがよいでしょう。しかし、有責配偶者や重篤な傷害を負わせたなどの法的立場が弱いときは、離婚実現のためには一般的な慰謝料額より高額の支払をせざるを得ないことも考えられますので、よほどの金額でない限り、すぐに無理だとはいえないところです。MAXの慰謝料額について依頼者との事前協議が十分でないときは、即時に決裂させることなく、いったん持ち帰るようにするべきでしょう。

Scene4　依頼者と方針を協議する

A　Yさんと話をしました。離婚には応ずるが、慰謝料として1000万円を請求するとのことでした。

X　いくら何でも高すぎます。ネットで調べたら、相場は100万～300万円前後とのことですよ。

A　慰謝料の相場は1000万円よりはるかに低いのは確かですが、ここで発想の転換をしてみませんか。先日お会いしたときに、両親から早く孫の顔が見たいといわれて辛いとおっしゃっていましたが、早く孫の顔を見せたくはありませんか。 ⇒Review1

X　それはそうです。親孝行をしたいですね。

A　それなら、ここで思い切って相手の懐に飛び込む戦術をとりませんか。つまり、相手が要求している1000万円に応じて早期に離婚を成立させるわけです。

X　しかし、いくらなんでも1000万円は無茶です。

A　預金が700万円あるといわれましたね。親から300万円を借りれば、1000万円はすぐに調達できませんか。Xさんは大手銀行に勤務していらっしゃるし、お金は稼げば何とかなりますが、孫の顔を親に見せることはお金では買えませんよ。有責配偶者からの ⇒Review2

離婚請求が認められるのにはかなりの年数が必要です。

Ⓐ ……分かりました。父親に300万円を借りてきます。

[Review]

1 何が問題解決の核心かを見抜く

有責配偶者の場合、判決で離婚が認められるまでにはかなりの時間が必要です。特に急ぐ必要がない場合は破格の慰謝料を支払わなくても済みますが、ケースのように早期に離婚をしたいと考えており、慰謝料の調達もできる状況でしたら、破格な慰謝料であるからといって、無下に断ってよいとは思われません。親に孫の顔を見せるということが事件解決の核心であると考えたA弁護士の見通しは、大いに参考になります。

逆に、事件解決の核心をつかみそこねて、「一般的な慰謝料額でないと払いません！」と答えてしまった場合、離婚を急いでいない相手方が徹底的に争えば、当分は離婚が実現せず、婚姻費用を支払い続けることになります。上記のような実務慣行に拘泥した対応をしたことで、結果的には相手方が請求している破格の慰謝料を超える婚姻費用を支払い続けることになったうえに、余計な法的手続の費用を負担し長い時間を費やすことにもなるわけです。

2 依頼者を納得させる説得術を身につける

相手方に対する気持ちを失ってしまった依頼者に、「相手方はこれからずっと独身でいるかもしれないから、そのことを配慮して慰謝料を支払ったらどうか」などといっても、全く説得力がありません。また、「一般的な実務慣行では慰謝料額は300万円を上回ることはほとんどありませんが、言われるままに1000万円を支払うことにすれば相手方もノーとは言えないでしょう」という説明も、高額の慰謝料を支払う動機付けとしては不十分でしょう。

A弁護士は、依頼者の話をよく聞いていたことで、依頼者が再婚し、子どもをほしがっていること、親も孫の顔を見たがっていることを見抜いていたからこそ、「孫の顔を親に見せることはお金では買えませんよ」という「コロンブスの卵」を割るような説得文句が出てきたのだと思います。

Scene5　相手方と金額の交渉をする

A弁護士は、Yと事務所で再び面会した。

A　Xとよく話をしてみましたが、ここはYさんに悲しい思いをさせてしまったことを深く反省している気持ちを表すため、慰謝料としてご提案どおりの1000万円をお支払いさせていただきたいと思います。これで離婚届に署名と押印をいただけますか。 ⇒Review1

Y　えっ。こちらの希望どおりの1000万円を支払うというのですか。

A　そのとおりです。結婚後からの貯金はほとんどありませんが、なんとか準備いたしました。

Y　父親に連絡してきます。

Y　(電話連絡後) 父親も、やむを得ないだろうといっていました。1000万円の慰謝料で離婚することにします。

A　ありがとうございます。それでは、協議離婚すること、慰謝料として1000万円を支払うことの合意書を用意してきましたので、これに署名と押印をお願いいたします。離婚届の用紙も用意してきましたが、1000万円の入金を確認したら、直ちに私宛に郵送してください。証人の欄は、私の方で補充しますから、未記入で結構です。 ⇒Review2

Y　分かりました。

[Review]

1　相手方の意表を突く回答をするための準備をする

おそらくYは、1000万円もの金額をXが用意できるわけもなく、金額の減額交渉をされると思い込んでいたと推測されます。そのようなところに満額の回答をするわけですから、依頼者の努力を最大限生かすために、できる限りその場で合意をとりつけたいところです。

不備のないように、かつ相手方から細かく反対されることのないような合意書を作成して持参するとともに、ケースのような離婚案件では離婚届も必ず準備していきます。

2　慰謝料の送金と離婚届提出のタイミングを事前に検討する

離婚案件において最後に迷うのが、合意書締結、財産分与等の支払時期、離婚届の提出時期です。これらを行き当たりばったりに対応するわけにはいきませんから、綿密に計画を立てる必要があります。

ケースでは、Yの真面目な性格などから、必ず離婚届の送付をしてくれると考えて、A弁護士がYの不安な気持ちを配慮し、慰謝料着金確認後の離婚届の送付を依頼しています。他には、離婚合意書締結時に離婚届の交付も受ける方法があります。相手方が不誠実または狡猾な人であると感じたときは、その方法をとらなければなりません。

Column

ほどほど

〔高中正彦〕

「窮鼠猫を噛む」ということわざは、誰もが知っています。こちらに正義があると信じて完膚なきまで相手を追い詰めると、弱い立場にある相手が死力を尽くした予想もしない逆襲をしてくることは、法的交渉でもあり得ます。

DVを受けた妻側の依頼で離婚訴訟を受任したときのことです。妻は、夫から高額の慰謝料をとってやると息巻き、夫について、DVばかりでなく、性格の悪さ、生育環境の劣悪さ、両親の悪口等を書面で主張したいと執拗に求めてきました。子どもの養育費を円滑に支払ってもらうこともあるから、「ほどほど」にすべきだと何度もアドバイスしましたが、頑として聞き入れません。呆れ果てて、「私の名前ではとても出せない内容なので、あなたの名前で出すことにさせてもらいます。思いの丈を書いて持ってきてもらえば、名誉毀損部分をチェックした後、裁判所に出しておきますよ」と突き放したところ、本当にラジカルな書面を書いてきました。「本当にこれを提出していいのですか」と数回にわたり念を押しましたが、断固提出すると言い張りますので、そのとおりにしました。

すると、夫側は、負けじと弁護士名で妻側よりももっとラジカルな書面を作成して提出してきたのです。まさに泥仕合になったのですが、妻は「こんな嫌な思いをするのなら出さなきゃよかった。なんで出すなといってくれなかったのですか」というのです。これには開いた口が塞がりませんでした。

「ほどほど」は、紛争解決のための絶対要件だと実感したエピソードです。

第3章 遺産分割事件の交渉学

序 交渉のガイド

遺産分割事件の位置づけ

わが国で少子化が進行しているとはいえ、遺産分割に関する事件はかなり増加しています。一昔前の遺産分割事件といえば、相続人の数が多く、かつ、遺産規模も大きな案件が主流であったとの記憶ですが、今は、相続人が兄と妹の２人、遺産もマンション１室に預金が300万円前後の案件でも争いとなり、調停の対象になっています。都市部の家庭裁判所の調停待合室に行くと、ほとんど満席状態であり、某相続人グループが敵対する某相続人グループを口汚く罵っている姿を結構目にします。

遺産分割事件は、決して簡単なものではなく、えてして長期化を免れないといわれますが、その原因を探ってみると、次の点にあるように思います。第１は、**遺産は不労所得**であることです。遺産相続は、いわば金額が確定しない高額宝くじに当たったようなものですから、人間の裸の欲望が端的に剥き出しになります。第２は、**血のつながった親族間の戦い**だということです。戦いの相手が第三者ですと気遣いないし遠慮というブレーキがかかりますが、血族しかも兄弟姉妹にはそのような気遣いや遠慮は全く無用です。子どもの頃の兄弟喧嘩には情け容赦がなかったことを思い出してください。第３は、**時間がいくら経過しても何も失わない**ことです。経済合理性が働く事件では、費用対効果の観点から早期和解のインセンティブが働きますが、遺産分割ではどんなに時間をかけても失うものはありません。ただただ財産が転がり込んでくるのです。第４は、**相続人の生活状況が如実に反映する**ことです。財を成した相続人は、喧嘩をしてまで遺産をほしがりませんが、生活に困窮している相続人や一攫千金を狙う相続人は、千載一遇のチャンスであり、それこそ必死です。第５は、遺産分割の当事者はほとんどが50歳以上の人生経験を積んだ高齢者であって、**自己の意思を曲げない人が多い**こと、気が弱い相続人であっても**配偶者が助っ人（応援団）につく**ことをあげることができます。

このような遺産分割事件は、弁護士にとってもかなりハードな案件です。高齢の弁護士は、弁護士の少なかった時代のことだとして、超大型遺産分割事件を受任して蔵が建つような巨額の報酬をもらったなどという景気のよい話をしてきますが、それはのどかな時代の昔話というべきでしょう。遺留分侵害額の請求事件、寄与分を定める処分の申立事件等は、弁護士が活動することによっていわば無から有が生まれ、弁護士報酬も請求しやすいのですが、単なる法定相続分による遺産分割では、弁護士の活動によって依頼者の相続人が特段の利益を追加的に取得することがありません。「先生に頼んだけれども、私がやっても同じだった」等とクレームを付けられることも出てくるわけです。依頼者に法律的な説明をして納得してもらうことが弁護士の任務だといっても、あまりに依頼者を説得すると「先生は誰の味方なんですか。解任します。」といわれるのが落ちです。

本章で取り上げる交渉場面

このような難しい遺産分割事件について、「弁護士の関与を嫌う相続人との交渉」「遺産を隠す相続人との交渉」「特別受益と寄与分にこだわる相続人との交渉」「部外者がいる相続人との交渉」の４つを取り上げました。

第１の**「弁護士の関与を嫌う相続人との交渉」**については、法化社会が進展している現代にも弁護士を嫌う人が確実に存在するという実態を捉えたものです。社会で相応の地位を得ている高学歴の人でも、相続法を無視した主張をしてくるのですが、そのような人にとって弁護士は邪魔者以外の何者でもありません。

第２の**「遺産を隠す相続人との交渉」**ですが、民法906条の２が遺産分割前の処分遺産の規定をわざわざ新設したように、相続開始後に遺産を隠匿（処分）するケースは珍しくありません。

第３は、**「特別受益と寄与分にこだわる相続人との交渉」**です。特別受益と寄与分は具体的相続分を算出する必須のプロセスですが、えてして到底特別受益にも寄与分にも該当しないような些細なことが主張されます。弁護士としては、調停委員や裁判官の冷たい視線に耐えながら主張せざるを得ない場合があります。

第４は、**「部外者がいる相続人との交渉」**です。何の権利もないことは外野の本人も承知しているはずですが、そんなことにはお構いありません。連れ合いに発生した相続によって一攫千金を夢見る人が多いようです。交渉していてもその品性のなさにむなしさが先に立ってしまうことがしばしばあるといえるでしょう。

1 弁護士の関与を嫌う相続人との交渉

[受任事件]

Xは、62歳の男性であるが、亡父Bの遺産分割について、65歳になる兄Yが長男風をふかし、「親が築いた財産は長男が原則的に引き継ぐものであり、次男以下と女のきょうだいは、長男の私が分配額を決めるので、それに従え」といって聞かないので、相談したいとのことであった。

Xによれば、母親は父親より先に死亡し、相続人は、Yのほかに、三男のO、長女P、次女Qの4名とのことであった。また、遺産としては、亡父B名義の自宅土地建物、賃貸用アパート1棟、預金が主たるものであり、遺産総額は、約2億円とのことであった。

A弁護士は、Yに対して受任通知を郵送し、それが到着した頃を見計らって電話を入れた。

▼ 相続図

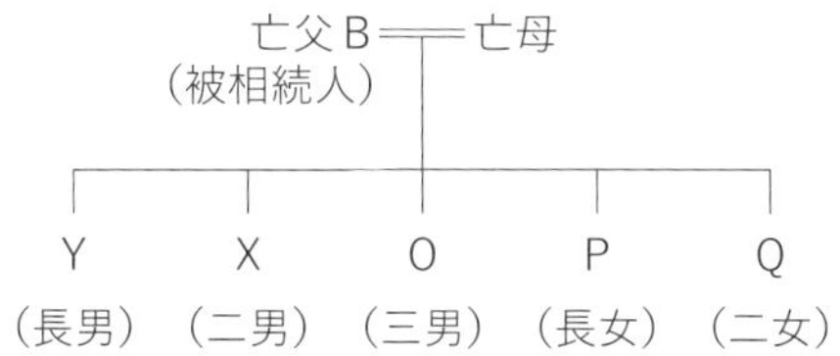

Scene1 相手方に電話連絡する

A Yさんでいらっしゃいますか。初めてお電話するのですが、私は、先日お手紙でもお知らせいたしましたが、Xさんからお父様の遺産分割について依頼を受けた弁護士です。

Y 弁護士？ 私は、親の遺産分けについて他人を入れて話すつもりはない。話があるなら、Xが直接に私のところにくるようにしなさい。

⇒Review1

Ａ お言葉ですが、Ｘさんは私に遺産分割協議に関する一切の件を委任されていますから、私は、Ｘさんの代理人としてお電話しております。

Ｙ 代理人かなんか知らんが、親の遺産分けは相続人本人の間で取り決めるものだと考えている。第三者は入れない。 ⇒Review2

Ａ 私は、第三者ではありません。亡くなられたお父様の遺産には何があるかも教えてもらえないのですか。

Ｙ Ｘ本人ならば教えるが、第三者には教えられない。もうあなたとは話すことがないから電話を切らせてもらうよ。

Ａ そうですか。残念ですが、話し合いにはならないと理解させていただきます。

[Review]

1 弁護士を頑なに拒絶する相手方にどう対応するか

自分が交渉の場を取り仕切りたい相手方、法を無視した主張を展開している相手方などは、特に弁護士の介入を頑なに拒絶します。離婚案件や相続案件において、本件のように、「本人であれば夫婦共有財産ないし遺産を教えるが、代理人である弁護士には教えない」といわれた経験をもつ弁護士は少なくないでしょう。

依頼者の期待を背負っている弁護士の立場としては、依頼者に単に「弁護士だから教えないといわれました」と報告するわけにもいかず、なんとしても本人より情報を引き出したいと考えて、粘って交渉・連絡を続ける方針をとる弁護士もいるかもしれません。

ただ、本件のＹは、Ｘの話によれば、法を度外視した独自の主張をしています。弁護士ではなく、本人が出たところで、素直に情報を提供するとは到底思えません。この点、Ａ弁護士は、相手方にマウントを取らせず、きっぱりと話し合いにならないと告げています。

なお、言うまでもありませんが、代理人としての話し合いを拒否されても、「その態度は何ですか。失礼です」などと喧嘩腰になるべきではありません。そもそもプライドの高い相手方です。また、これから遺産分割調停も控えています。依頼者のためにも、冷静な対応を心がけなければなりません。

2　時代錯誤の相続概念は一蹴する

「法定相続分」を理解しようとしない相手方について、弁護士が短時間の任意交渉によってその根本の価値観を正すことは、まず不可能です。弁護士としてできることは、法律の条文の存在および内容の説明程度でしょう。ある程度合理的思考のできる相手方であれば、法律の内容を把握したところで、自分の言い分を通すことは難しいと判断できますが、そもそも法定相続分を理解していない点で、合理的思考にすぐ切り替えることができることはまずないでしょう。ましてや、利益が相反する相続人の代理人の話なのですから、さらに頑なに理解を拒否します。

一応の説明を試みつつも、話を聞かない、理解しようとしない相手方に対しては、ある程度早期に見切りをつけて、次の手続に進むことも大事です。

Scene2　依頼者と打ち合わせる

Ａ　Yさんは、私が言うのもなんですが、前時代的な相続概念の持主であり、頑固一徹です。私が話しても、部外者だとの一点張りで、とりつく島がありません。

Ｘ　先生が電話してもそうなのですか。どうしたらよいのでしょうか。

Ａ　遺産分割の調停を申し立てるほかありませんが、不安なのは、調停に出頭するかどうかですね。　⇒Review1

Ｘ　調停に出てこない場合は、どうなるのですか。

A　調停不成立となって審判手続に移行します。審判では、審判官（＝裁判官）が分割案を定めます。Ｙさんがいくら逆らっても、審判どおりに分割されることになります。審判に対しては即時抗告ができますが、この不服申立手続はそんなに時間がかからないのが一般です。

X　調停は時間がかかるのですか。

A　Ｙが現代の相続制度を無視した頑固な人ですから、時間はかかるでしょう。最後は、調停委員も匙を投げた時点で審判に移行しますが、少なくとも５回から６回くらいは調停期日を重ねるでしょう。そうすると、１年くらいはあっという間に経ってしまいますが。

X　そうですか。しかし、調停以外に方法はないようですから、よろしくお願いします。

A　分かりました。それでは、Ｙには、突然の裁判所の呼出状で機嫌を損ねることのないよう、調停申立てをする旨を文書（次頁）で知らせておきましょう。 ⇒Review2

[Review]

1　調停の申立て前に相手方に連絡するか

Ａ弁護士は、調停申立て前に、相手方Ｙに一報を入れる選択をしました。Ｙは、プライドの高い相手方です。一応のエクスキューズをしておくことは、今後のことを考えても評価できるところです。遺産分割調停は、特に秘密裏に進めなければならない手続でもありません。

2　相手方への通知の中に経緯と法的知識をちりばめる

Ｙに対する通知書には、調停申立てをすることのほかに、２点が記載されています。１つ目は、これまでの経緯（電話の会話内容）です。会

▼ **通知文書**

<table>
<tr><td>

ご　通　知

令和５年○月○○日

Ｙ　様

東京都××区××丁目×番×号
凸凹ビル３階
Ａ法律事務所
電話　03－0000－0000番
Ｘ代理人
弁護士　Ａ　一　朗　㊞

冠省

当職は、Ｘから委任を受けた弁護士ですが、亡Ｂ様の遺産分割につきまして、ご連絡申し上げます。

去る○月○日付で受任のご通知書を差し上げ、その後貴殿と電話でお話しさせていただきましたが、貴殿は、当職を第三者であると断じ、具体的な話し合いは全くできませんでした。これを受けてＸと協議をいたしました結果、任意の話し合いは不可能と考え、○○家庭裁判所に対して遺産分割の調停を申し立てることといたしましたので、ここにお知らせ申し上げます。

追って、○○家庭裁判所から調停期日呼出状が届きますので、その節はよろしくお願い申し上げます。なお、貴殿が欠席した場合は、調停を不成立とさせ、審判官（裁判官です）が遺産分割を命ずる審判手続に移行させますので、あらかじめお知らせしておきます。

草々

</td></tr>
</table>

話内容の備忘にもなりますし、調停において調停委員に経緯の報告をする際にも有用です。２つ目は、調停不成立となった場合の審判手続についてです。相手方が弁護士に相談に行かない場合を念頭に、今後の手続がどうなっていくのかを記載しています。相手方に自身が置かれている立場を認識してもらうためにも、これらの記載は有用だと思います。

Scene3　相手方と交渉する

A弁護士の文書を受け取ったYから電話が入った。

Y　調停申立てをするんだとあったが、私は第三者を入れた話し合いには絶対に応じないぞ。　⇒Review1

A　そうですか。通知文書にも書きましたが、調停に出頭しないと、調停を打ち切り、審判に進むことになりますが。

Y　脅かすのか。

A　審判では、審判官（裁判官ですが）がさまざまな事情を斟酌したうえで遺産分割案を決定します。Yさんがどんなに抵抗しても審判が確定したらそのとおりに遺産は分割されますよ。

Y　とんでもない弁護士だ。

A　私は、とんでもない弁護士ではありません。弁護士なら誰でもそうします。　⇒Review2

Y　おまえとは話にならない。（ガチャッ）

[Review]

1　喧嘩腰の相手に対し説明するか

相手方から喧嘩腰の物言いをされたときでも、法律に関する説明をするか、弁護士によって対応が異なるところかもしれません。冷静に根気強く一通り説明をして電話を切るか、すぐに電話を切るか。ある弁護士は、自分が当該相手方に対し説明することに一定程度を超えてストレスを感じるか否かで判断しているそうです。特に正解はありませんが、頭に血が上って言い返すのはNGです。このような相手方は、懲戒請求をしてきたり、弁護士会の苦情窓口に連絡をしたりすることも多くあります。そのようなことをされたら、その対応で弁護士自身の時間が削られてしまい、大きな損失です。

2　売られた喧嘩を上手に買うには

とはいえ、弁護士の中には、少し高度な交渉方法をとる弁護士もいると聞きました。相手方に対し、（もちろん懲戒請求をされない程度に）少し強めに返します。そして、電話を切った後、すぐにこちらからかけ直し、「少し言い過ぎました」と謝るというものです。相手方も、まさか謝られるとは思っていないですから、一気に態度が軟化するとか。やはり高度なテクニックですので、リスクを勘案しながら検討ください。

Column

交渉にこだわるか、早く見切りをつけるか

〔西田弥代〕

任意交渉をしていると、なかなか相手方と交渉が成立せず、もどかしい思いをすることが多々あります。全体からみたらほんの小さなところで双方が譲らずに行き詰ってしまったり、相手方から「根拠を教えてほしい」といわれて議論が始まりそうになったり……。

粘り強い姿勢で交渉していると、まだ交渉の余地があると思って時間をかけてしまいますが、他方で、すぐに任意交渉を打ち切り、調停を申し立てたり、訴訟を提起したりする見切りの早い弁護士もいます。調停や訴訟に移行する利点としては、民法147条の完成猶予により消滅時効を気にする必要がなくなること、第三者（裁判官や調停委員）による相手方の説得により合意が成立しやすくなること、事実関係の確認や証拠の提出がスムーズになること等があります。

さらに、すぐに訴訟に切り替えることが多いという弁護士にその理由を聞いたところ、訴訟手続に移行してしまえば、その後に時間の余裕が生まれること（訴訟提起すれば第１回弁論まで１か月以上の空きが生まれる）、期日ごとに手続が進むため依頼者への報告・説明が簡便になること、依頼者から早く解決してほしいという催促を受けなくなること等の利点があるとのことでした。ただし、依頼者に交渉打ち切りと訴訟移行の説明をするときには、一般に訴訟に慎重な考えを持っていることが多いため、かなり神経を使うとのことでした。

任意交渉を打ち切って法的手続にのせるかは、費用と時間のコスト、案件の見通し（交渉成立の見通し）、依頼者の状況、双方当事者の主張やキャラクターなどを総合的に考慮して判断することになりますが、検討自体は早めにすべきでしょう。

2 遺産を隠す相続人との交渉

［受任事件］

Xは、60歳の女性であるが、父親Bが死亡して半年が経過しているのに、長男Yからは遺産について何の話も出ていないので、相談したいとのことでA弁護士を訪ねてきた。Xによれば、母親は父親より前に他界し、相続人は、兄のY、姉のO、二男PとXの４名であり、遺産の明細は把握していないが、自宅の土地建物、預貯金があるとのことであった。

▼ 相続図

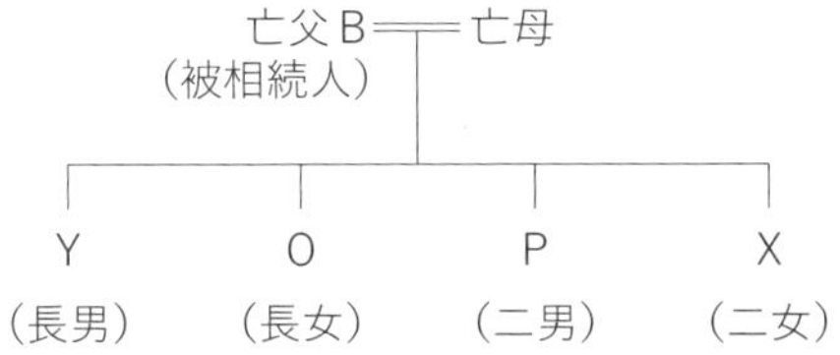

Scene 1　依頼者と打ち合わせる

[A]　自宅の土地建物の登記簿謄本は、私の方で取り寄せておきます。銀行預金とゆうちょ銀行の貯金については、父親BさんとXさんの戸籍（除籍）謄本を取り寄せたうえで、その銀行の支店と最寄りの郵便局に行き、死亡時と現在時点の残高証明書を取得してください。

（数日後）

[A]　甲銀行、乙銀行、ゆうちょ銀行の残高証明書を確認したところ、相続時の残高と現時点の残高とが合計1000万円も一致しません。誰かがBさん死亡後に預貯金を払い戻していたようなのですが……。

[X]　本当だ。兄のYが父親が死亡したことを銀行に内緒

にして払い戻したに違いない。

A　それでは、Yさんに対して預金の払い戻しをしたかどうかを確認する手紙を出してみましょう。 ⇒Review1

A弁護士は、遺産の内容を把握するため、Yに対して下掲の書面を送付した。

[Review]

1　相手方に対する通知に証拠のない事実を記載しない

通知書では、Yが勝手に遺産を払い戻したと記載しています。実際にYが払い戻した証拠を保持しているのであればよいのですが、そうでもない限り、このような記載は相手方の感情を害し、情報を得るための通知

▼ **通知文書**

ご　通　知

令和5年○月○○日

Y　　　様

東京都××区××丁目×番××号
凸凹ビル3階
A法律事務所
電話　03－0000－0000番
X代理人
弁護士　A　　一　朗　㊞

冠省

当職は、Xから委任を受けた弁護士ですが、亡B様の遺産につきまして、ご連絡いたします。

Xは、亡B様の遺産について調査をいたしましたが、甲銀行、乙銀行、ゆうちょ銀行の預貯金につきましては、B様死亡時残高が金3000万円であったのに令和5年○月○日付では金2000万円となっており、金1000万円の差異がありました。Xは、貴殿が払い戻したのではないかと申しておりますが、この点についての貴殿のご回答を、本書受け取り後10日以内に当職宛てに書面にてご送付くださるようお願いいたします。

草々

の目的を達することができません。もしかしたら、Y以外の第三者が勝手に払い戻したのかもしれないのです。そのような場合は、懲戒請求を受けるリスクもあります。

預金の引き出し状況について情報を得たいのであれば、特にYを疑っていることなど記載はせず、差異があったことについて、何か知らないかという程度に止め、丁寧な文面で尋ねるべきでしょう。

Scene2　相手方と交渉する

通知を受領したYからA弁護士に電話が入った。

Y　手紙がきたが、Xは私を泥棒だといっているのか。 ⇒Review1

A　泥棒とはいっていませんが、Xさんは、故人の預金通帳と印鑑の在りかを知っているのはYさん以外に考えられないから、YさんがB様名義の預貯金を払い戻したのではないかと考えています。

Y　とんだ濡れ衣だね。私が払い戻したという証拠を見せてもらいたい。

A　銀行に対して払戻請求書のコピーを弁護士会の照会手続で請求しようと考えていますが、そうすれば誰の字かは分かるはずです。

Y　そうすると、今は単なる思いつきで私を疑ったことになるのか。

A　証拠は追って示すことにします。

Y　実に不愉快だね。Xに伝えてもらいたいが、亡父の葬式の費用も一切払わないのは子としての義務を果たしていないとね。

A　葬儀費用は、相続債務ではありませんから、相続人が相続することはありません。あくまでも喪主が負担するものです。結局YさんはB様の預貯金を払い ⇒Review2

戻したことは絶対にないということでしょうか。

Ⓨ そうはいっていない。証拠もなしに人を泥棒呼ばわりしたことに怒っているのだ。

Ⓐ そうですか。それでは、裁判所に調停を申立て、そこで証拠を示すようにしたいと思います。

Ⓨ 何ですぐ調停になるのか。おれは、調停なんかに出るつもりは全くないよ。相続は内輪の問題だから、内輪で解決するのがスジだ。

Ⓐ それも見解の相違です。私は、公正な第三者機関で協議をした方がよいと考えます。私とあなたでは円滑な意思疎通が図れないと思います。なお、調停を無視されても、遺産分割手続は進行しますから、あらかじめお知らせしておきます。

[Review]

1　悪感情剥き出しの人に冷静に対応する

ケースでは、ＹがＡ弁護士に対し悪感情剥き出しで話をしています。通知書の記載内容からすると、Ａ弁護士自ら招いてしまった感はありますが、このような悪感情剥き出しの相手方に対しては、前述の喧嘩腰の相手方に対する対応と同様、冷静に法律の説明を続けるか、早々に話を切り上げるかのいずれかを決断するべきでしょう。

2　法律論を無視する相手方に具体例を交えて説明する

Ｙは、葬儀費用のことなどに話をすり替えながら、法律を度外視した主張をしています。このような主張をされた場合、法律の規定内容を説明する程度で深追いしない、あるいは説得をしないということは、前述したとおりですが、法定相続分と真っ向から反することをいっていた❶の相手方とは異なり、説得の余地もありそうです。法律の内容を説明する際に、具体的な例を引けると、なお相手方の理解が進むこともあります。本件でいえば、「葬儀会社が葬儀費用の請求書の宛名を誰にするかを思い出してみてください」「亡くなった方がどうして葬儀費用の債務を履行するのでしょうか」「香典を受領されていませんか」など説明すると、それもそうかと思い直してくれるかもしれません。

Column

たった一言

〔高中正彦〕

「たった一言が命取り」は、政治家ばかりではありません。弁護士も、「たった一言」で強烈な辛酸をなめさせられることが日常茶飯事です。

損害保険会社の依頼で遠方の暴力団員と電話で交通事故の示談交渉をしていたときのことです。丁寧かつ礼儀正しく損害項目の説明を続けましたが、「こっちに来い」「誠意を見せろ」等の脅迫的な言葉が続いた後に、「○○○だよな」との言葉が出ましたので、「ウン」と相づちを打ってしまったのです。「しまった」と思ってももう遅く、「ウンだと、このヤロー」との罵声が飛んできました。「申し訳ありません」と（誠意のない）お詫びをしましたが、延々30分にわたり脅迫的怒声にさらされました。

次は、弁護士会の苦情窓口の受付担当をしていたときのことです。どうも事件屋らしい男が電話口である弁護士の苦情を長々とまくし立てました。「指導しろ」「懲戒にしろ」等と続いたので、「次は何でしょうか」と言ってしまったのです。「しまった」と思ってももう遅く、「次は何だだと、このヤロー。俺の話をいい加減に聞いているだろ。バカヤロー」ときました。このときは、確か、受付終了時間が来たことを理由にできましたので、15分程度で済みましたが、電話を切ったとき、なんて自分は馬鹿なんだろうと自己嫌悪に陥りました。

たった一言、されど一言の教訓です。

3 特別受益と寄与分にこだわる相続人との交渉

[受任事件]

Xは、60歳の男性（会社員）であるが、亡父Bの遺産について弟Y(58歳・医師)、妹Z（55歳・主婦）と分割協議が進まないとのことであり、A弁護士に裁判外の協議をすることを依頼した。

Xによれば、遺産は、自宅の土地建物、預貯金、株式であるが、弟Yは、私立大学の医学部に進学していてかなりの学費を父親に出してもらっているし、妹Zも、頻繁に父親に面会に来ていてそのたびに生活費の不足分をもらっていたとのことである。また、88歳で死亡した父親Bは、10年前に妻に先立たれた以後はX夫婦との2世帯住宅に住み、X夫婦が食事や身のまわりの世話をして食費等を浮かせてきたし、最後の5年間は認知症に罹患したために、自分とその妻が自宅介護に務めてヘルパー費用を浮かせているから、かなりの寄与分があるはずだとも述べ、単純に法定相続分で3等分するような遺産分割はとんでもないと声を荒らげている。

A弁護士は、YとZに受任通知を送り、遺産分割の協議をしたい旨を伝え、YとZに事務所に来てもらった。

▼ 相続図

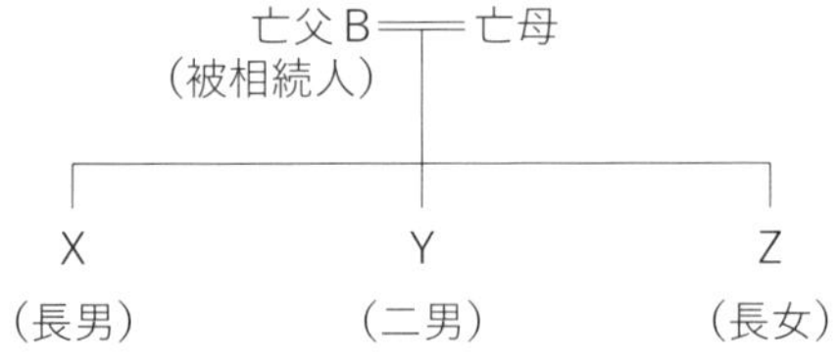

Scene1　相手方と協議する

Ⓐ　亡B様の遺産目録を作成してみましたので、皆さんにお渡しいたします。

Z　遺言書がないから、きょうだいで３等分することになりますか。

A　確かに法定相続分で分割協議をすることになりますが、Ｘさんは、Ｙさんには医学部の学費、Ｚさんには生活費の補助という特別受益があるといっています。特別受益とは、いわば遺産の前取りということで、これを死亡時の遺産の中に持ち戻すことになります。さらに、Ｘさんは、Ｂと同居して食事や身のまわりの世話をして食費等を浮かせたし、５年前に発症した認知症についての自宅介護をＢが亡くなるまで行って、介護費用を浮かせ、その分遺産の減少を防いだから、寄与分があるといっています。

⇒Review1

Y　Ｘは、私の学費について何といっているんですか。

A　６年間の授業料のほかに、入学金、寄付金、下宿費や書籍代等も加えると、2000万円は下らないといっています。

Z　亡父Ｂが私に渡してくれた生活費の不足分については何といっているのですか。

A　亡父Ｂさんからは、実家に来るたびに10万前後の現金を渡していて、トータルで少なくとも500万円にはなっていると聞いたとのことです。

Z　そんなに渡されていません。しかも、亡父Ｂが私にお金を渡したのは、孫の学費の足しにしろということで、孫にくれたのです。

Y　Ｘの寄与分については何といっているのですか。

A　母親が死亡してからの５年間は、食費や身のまわり費用を負担したが、その額は１年あたり少なくとも200万円の５年分で1000万円、さらにその後の５年間の療養介護によって１年あたり300万円、５年で1500万円の介護料が浮いているので、これを勘案して、全遺産の20%が寄与分だといっています。

Z とんでもない話です。介護といったって、大したことはしていません。話になりません。 ⇒Review2

Y これでは話にならないので、帰らせてもらいます。

A 今後の話し合いはどうしますか。

Y 裁判でも何でもしてくださいよ。だいだい弁護士なんだから、公正な立場で話すと思っていたのに、Xの言いなりではないですか。

A 弁護士は、依頼者のために最善を尽くす職業で、決して中立の立場に立つわけではありません。今後のことは、Xさんと相談してご連絡するようにいたします。

[Review]

1　具体的な主張をぶつける

ケースでは、Xは特別受益と寄与分について強い考えをもっており、法的手続においても強く主張する可能性が高いといえます。任意交渉において、相手方との面会時にその主張をぶつけることにより、相手方が今後どのような反論をするのかを把握することができます。

2　証拠収集との兼ね合いを見極める

相手方の反論を把握することによって、法的手続においてどれだけ証拠を提出する必要が生じるかが分かります。事案によっては、争いとなる金額が少ない割に当方に要求される証拠の準備が過大であることから、譲歩して任意交渉でまとめようということになるかもしれません。また、いくつもの争点がある場合に、すべて立証するのは困難であるので、ある争点については法的手続ではあえて主張しない、あるいはダメもとで主張する、などの検討にもつながります。

Scene 2　依頼者と打ち合わせる

Ａ　Ｘさんが述べていたＹとＺの特別受益については、相当に強い拒否がありました。また、Ｘさんの寄与分については、２人とも到底認められないといっていました。これ以上の話し合いを継続することは無理なように思います。

Ｘ　そこをなんとか説き伏せるのが弁護士ではないのですか。

Ａ　弁護士は、力尽くで交渉相手をねじ伏せることはできません。Ｘさんが主張しているＹとＺの特別受益については、どこまで証拠があるのですか。

Ｘ　Ｙの私立大学医学部の学費や寄付金の額は、弁護士さんが調べてくれると思っていました。下宿代と図書費も、具体的な金額ではないにしても、当時の平均的な額は調べられるはずです。

Ａ　授業料と入学金は、大学に対して弁護士会照会をすれば回答がもらえますが、寄付金はかなり昔のことなので資料が残っているかどうかです。下宿代や図書費は、平均的な額といっても調べるのはなかなか難しいと思います。

Ｘ　適当な金額を主張してＹの出方を待つようにしてもらえませんか。

Ａ　任意交渉だからといって、そのようないいかげんな駆け引きはできません。Ｚに対する生活費の援助の証拠は、何ですか。

Ｘ　亡父Ｂがそういっていたことです。私は、数回聞いています。

Ａ　それだけですか。

X それで十分ではないですか。父親は嘘をいうような人ではありません。

A 裁判は、証拠がすべてです。証拠がなければ、裁判官は認めてくれませんよ。 ⇒Review1・2

X それをなんとかするのが弁護士の腕でしょう。

A 困りましたね。とにかく、調停を申し立てることにしましょう。いいですか。

X 仕方ないでしょう。でも必ず私の主張が通るようにしてくださいね。 ⇒Review3

A 弁護士は依頼者が希望する結果を保障してはいけないことになっているのです。手は抜きませんが、保障はできかねます。それでも不満というならば、別の弁護士を探していただくことになりますが。

X 分かりました。合点はいきませんが、先生のいうことに従います。

[Review]

1　証拠がない場合の見通しを説明する

ケースでは、Zの特別受益については、特に証拠もなく、Xが亡父Bから聞いた話が根拠ということです。Zの主張は、A弁護士との面談時に、孫への贈与だったと聞いており、金額も争う姿勢のようでした。A弁護士としては、これらの事情を踏まえて、「裁判官は認めてくれない」ときっぱりと依頼者に伝えています。

弁護士としては、到底認められない主張はせずに、可能性のある主張に注力したいところですし、何より依頼者に余計な期待を持たせるわけにはいきません。今後の方針を検討するうえでも、ここはきっぱりと認められる可能性がほぼないことを伝えておきたいところです。

2　証拠収集の担当者を分担する

依頼者が特別受益や寄与分など、最終的にこちらに立証責任がある主張を求めているときは、依頼者との間で、その証拠収集担当者をはっきりさせておくことも大事です。依頼者によっては、弁護士がなんでも調べられると思っている人や、弁護士がつけば意見が通ると勘違いしている人もいます。依頼者の主張をよく聞いたうえで、その主張に紐づく証拠を例示し、弁護士が収集できる、できないについてはっきり伝えます。

多くの場合は依頼者が証拠を集めることになりますので、依頼者の気持ちに配慮しつつも、収集の見通しを聞いて、収集方法を伝えるようにします。

3　自分の考えを絶対視する依頼者を説得するか

相続では、依頼者が証拠上は認められる可能性がない主張に固執していることも少なからずあります。この主張をあきらめさせるために依頼者を説得するかについては、弁護士によって対応が異なるようです。

ある弁護士は、依頼者を説得せず、決して（その主張をすることが）駄目とは言わないそうです。感情的になった依頼者の説得は難しく、解任のリスクもあるからだそうです。これに対し、ある弁護士は、主張が認められる可能性が低いことをきちんと説明したうえで、依頼者に証拠収集や主張の準備を指示し、それにも従わなかったときは、さっさと辞任してしまうそうです。こういう自己の考えを譲らない頑固な依頼者は、いつか激突し、弁護士を解任してくるのがオチだからとのことです。

前者の説得しない弁護士も、最後には、自分の主張が通らなかったのは弁護士のせいだと言いがかりをつけられていますから、要はいつが引き上げ時かを見抜く力をつけることが重要ということでしょう。

❹ 部外者がいる相続人との交渉

［受任事件］

Xは、55歳の男性であるが、亡父Bの遺産分割の相談でA弁護士の事務所を訪れた。Xによれば、相続人は自分と妹のYであり、遺産は、自宅土地建物、銀行預金1000万円程度とのことである。Xは、土地建物は自分が取得し、預金はすべてYが取得し、土地建物の評価額と預金額の差額については、代償金を支払う考えがあるとのことである。A弁護士は、極めて穏当な分割案と考え、早速Yに電話して遺産分割案を説明することとなった。

▼ 相続図

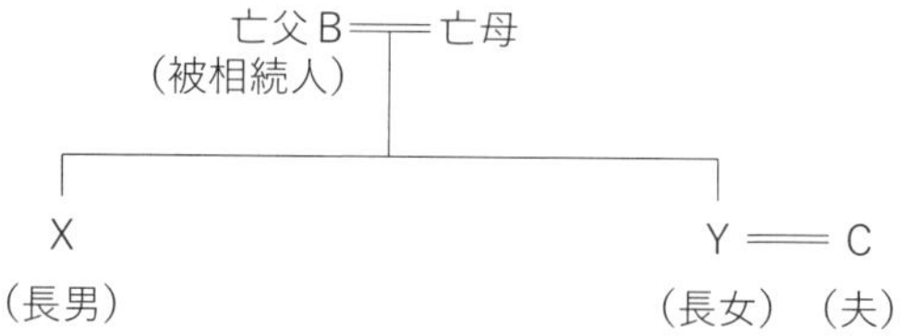

Scene1　部外者が同席のもと相手方と打ち合わせる

Yがその夫Cとともに事務所を訪れた。

Ⓐ　よろしくお願いいたします。

Ⓒ　私は、Yの夫だが、Yが難しい話になるから一緒に来てほしいというので同席させてもらいます。 ⇒Review1

Ⓐ　相続人以外の方は第三者になりますから、話をされないというのであれば、同席は了解します。 ⇒Review2

Ⓒ　そうはいかない。私は、Yの夫だから、然るべきところではYの考えを代弁させてもらう。

Ⓐ　それでは、できる限り話をするのを控えていただくということで、同席を了解します。Yさん、これか

ら遺産内容をご説明し、Xさんが考えている遺産の分割案をご説明しようと思いますが、よろしいでしょうか。

C　話を聞きましょう。

A　Cさんは話をされないようにお願いします。

C　……。

A　これがXさんから聞いた亡B様の遺産の目録です。Xさんは、土地建物はXさんが取得し、預金はすべてYさんが取得することとし、土地建物の評価をしたうえで、預金額との差額を清算するという考えです。

Y　……。

C　預金がそんなに少ないとは思えないね。生前義父は大企業の役員まで登りつめ、羽振りがよかった。それに、義父が役員を勤めていた会社の株式がないというのはおかしいのではないか。Xは、遺産を隠しているんだろう。土地建物を取得するというのも虫がいいな。売却してその代金を2等分するべきだ。
　それに、Yは、Xが義父の土地建物にタダで同居していたから、その家賃分をきちんと清算すべきだともいっているよ。

A　私は、Yさんの考えを聞いています。Cさんは黙っている約束でしたでしょう。

C　私とYの考えは一致しているから、私が代わりに話しているんだよ。どこが悪いんだね。

A　Yさんは、Cさんに発言を控えるように求めるお考えはありますか。

Y　私の考えはCに伝えていますから、Cのいうことは私のいうことです。

Ａ　残念ですが、私としては、円滑な話し合いは無理なように思います。本日はこれでお引き取りください。

Ｃ　今後はどうなるのか。

Ａ　Xさんに本日の経過を報告して今後の方針を打ち合わせ、私からYさん宛てに文書を差し上げます。

[Review]

1　当事者以外の交渉参加に対応する

ケースでは、相続人ではないCが、面談への参加を希望し、A弁護士が、あまり話さない前提で参加を許しています。

このように、もし当事者以外の者が交渉参加を希望した場合は、参加させないか、参加させるとしても話をさせない、というのが穏当です。初対面のCは、物静かに見えたりすることもあるかもしれません。しかし、参加を認めた際にあまり話をしないように釘をさしておかないと、一気にオンステージになる、ということもあります。

2　部外者を閉め出す

ケースでは、A弁護士が最初にCに話さないように伝えていたことが功を奏し、Cの話が始まったところで、交渉を止めることができました。この時点でいったん話を止めなければ、Cはさらに得意げに主張を展開し、Yの代理人かのように振る舞ったでしょう。特にCが根拠のない主張を展開しているときは、これに付き合っても時間の無駄です。Cが約束に反して話を続けていることを理由にして、いったん面談を打ち切ります。

Scene2　依頼者と打ち合わせる

Ａ　Ｙさんの夫のＣさんが前面に出てきて、Ｙさんは一言もしゃべりませんでした。Ｃさんというのは、どんな人なのですか。

Ｘ　私も数回会っただけですが、何の仕事をしているかは知りません。ただ、勤めていた会社が倒産したとかで生活資金に困っているのかもしれません。

Ａ　Ｃさんがしゃしゃり出てくる限り、遺産分割の協議は円滑に進まないように思います。

Ｘ　Ｃに対して、「黙っていろ」とか「出て行ってくれ」と言えないのですか。

Ａ　「黙っていてほしい」とはいっていますが、馬耳東風でしたね。「出て行ってくれ」というのは簡単ですが、そのあとクレーマーになる可能性があります。もちろん、毅然とした対応はしますが、冷静な話し合いを期待することは無理だと思います。

Ｘ　私からＹに直接電話して、「Ｃを黙らせろ」と言いましょうか。　⇒Review1

Ａ　やめておいた方がよいと思いますね。Ｙさんがすぐに C さんに通報し、C さんをあおる可能性があります。Ｙさんの真意は分かりませんが、Ｃさんを利用しあるいはCさんと結託して、遺産を多くもらおうと考えている可能性だってありますよ。

Ｘ　そうですか。今後どうすればよいのですか。

Ａ　私としては、速やかに調停を申し立てるほかないと考えます。調停で合意が成立しなければ、審判といって裁判官が双方の意見を聞いて分割方法を決定することになります。

X　Cが調停に付いて来たらどうするのですか。

A　裁判所は、調停当事者以外の人を調停室に入れることは基本的にありません。以前に、「俺はこの妻の夫だから調停室に入れろ」とわめいている人を見たことがありますが、調停委員は相手にしませんでしたね。部外者（私は「応援団」と呼んでいますが）、応援団がしゃしゃり出てくる遺産分割は意外に多いのですよ。応援団だけに、声が大きいのが特徴ですね。

A弁護士は、Yに宛てて次頁の書面を送付した。 ⇒Review2

[Review]

1　依頼者が相手方に連絡しないように釘をさす

打ち合わせにおいて、Xは、Cに参加させないようにYに連絡しようか、とA弁護士に提案してきました。A弁護士の言うとおり、さらに事案を炎上させてしまう可能性が高いため、連絡を認めるべきではありません。さらに、依頼者が相手方と直接連絡をとることにより、相手方としては「代理人に連絡せず、直接Xに連絡してよい」と認識し（あるいはそのように認識したふりをして）、以後直接Xと交渉してくる可能性もあります。相手方に直接連絡してしまいそうな依頼者には、しっかりと釘をさしておくべきです。

2　経緯を相手方宛文書で残す

本件のように、第三者が交渉に参加してきた場合や、相手方が（代理人就任後に）依頼者本人に直接連絡してきた場合などについては、相手方に対する文書においてその事実経過を記載しておくことは効果的です。その場合の相手方宛書面は、警告文書であることもあれば、事務連絡を主とした文書の中で経緯として記載することもあるかもしれません。書面に残っていると、相手方としても当該事実がないと反論しにくくなりますし、法的手続になった際には裁判所に証拠書類として提出しやすい面もあります。

▼ 通知文書

ご　通　知

令和５年○月○○日

Ｙ　様

東京都××区××丁目×番××号
凸凹ビル３階
Ａ法律事務所
電話　03－0000－0000番
Ｘ代理人
弁護士　Ａ　一　朗　㊞

冠省

当職は、Ｘ氏から委任を受けた弁護士ですが、亡Ｂ様の遺産分割につきまして、ご連絡申し上げます。

去る○月○日に私の法律事務所で貴殿およびご主人のＣ様とお目にかかり、Ｘ氏が考えている遺産分割案をお示しいたしましたが、誠に残念ながら、貴殿はほとんどお話しされず、相続人ではないＣ様が貴殿の考えを代弁するという名目でお話が続きました。

しかし、言うまでもないことですが、亡Ｂ様の遺産分割の協議は、相続人である貴殿ご本人の考えのみに基づいて進められるべきですから、そのような協議の場を設けるべく、○○家庭裁判所に調停の申立てをすることといたしました。追って、○○家庭裁判所から調停期日呼出状が貴殿宛に届きますので、その節はよろしくお願い申し上げます。なお、Ｃ様が裁判所に同行されたとしても、調停室に入室できるわけではありませんので、あらかじめお知らせいたします。

草々

Scene3　相手方と交渉する

Ｃから A 弁護士に電話が入った。

C　妻Ｙ宛の手紙を見たが、私が部外者だと決めつけているが、どういうことですか。

⇒Review1

A　先日お目にかかった際、Ｙさんは全くといってよいほど話をされず、Ｃさんがほとんど１人で話していたと思います。それでは相続人であるＹさんの意思が正しく表明されているかどうかに疑問を感じたのです。

C　妻のYは内気な性格で、自分の考えを的確に表現できないから、私が代わりに話しているんじゃないか。

A　私には、そうは思えませんでした。**Cさんの遺産分割事件ではないのです。** ⇒Review2

C　まるで私が妻の遺産目当てに行動しているというように聞こえるが。

A　そんなことは一言も言っておりません。

C　とにかく私は調停だろうが何だろうが、夫として妻の要請に従って行動するから、そのつもりでいてくれ。

A　裁判所では、Cさんの考えは通りませんよ。行ってみれば分かります。それでは、失礼いたします。

[Review]

1　今後の手続から部外者を排除する

調停を申し立てても、これまで交渉に参加しようとしてきた「応援団」は、裁判所まで来ることが多いといえます。ケースでは、調停室には入れないことについて、A弁護士はあらかじめY、Cに文書で伝えました。Yらがこれを知ることで、調停期日においてCを調停室に入れろと騒ぎ立てる可能性は低くなり、代理人弁護士が就任することも期待できるかもしれません。

2　部外者に対して説明をする

上記**1**とも関連しますが、今回、部外者であるCから電話がきています。そもそもA弁護士は電話に出なければいけないでしょうか。結論としては、どちらでもよいと考えます。ただ、電話に出ない場合、理由も言われず電話をつないでもらえないと、Cは何度も電話をしてくる可能性があります。また、電話をとった事務所の事務職員に「弁護士は第三者の方とは電話できないと申しております」と対応してもらったとしても、口達者な第三者であれば、事務職員相手に議論を始めてくるかもしれません。A弁護士は、一度は電話に出て制度の説明をするという方針をとったようです。

Column

ハイアード・ガン

刑事弁護の世界では、弁護人の役割はハイアード・ガン(hired gun) だとする見解が極めて有力です。雇われガンマンと訳されるのが一般ですが、雇われた弾そのものだという人もいます。依頼者である被疑者・被告人が無罪だといえば、客観的な証拠から見て有罪は動かないと考えても、被告人の意向通りに無罪の主張をしなければならないわけです。被告人の無罪主張を無視して有罪を前提とした弁護活動をしたために懲戒処分を受けた弁護士は、決して1人や2人ではありません。

これに対し、民事弁護の世界ではハイアード・ガン論はあまり聞きません。刑事弁護では、裁判官は弁護人に対して「被告人は無罪と主張していますが、あきらめるように説得してください」とは決していいません。しかし、民事事件では、裁判官は代理人弁護士に対して「裁判所の和解案（調停案）を示しますから、当事者を説得していただきたい」と述べることがしばしばです。

ところが、民事事件の領域でも、依頼者を全く説得しないハイアード・ガンそのものの弁護士に結構遭遇します。ある遺産分割事件であたった若い弁護士は、「私の依頼者はこう言っています。先生の依頼者を説得してください」と言い続けました。また、別の遺産分割事件であたった高齢の弁護士は、こちらが遺産分割の希望を述べた途端「あげませんッ！」と大声を出しました。和解契約は互譲が成立要件ですが、これらの弁護士にとっては、無関係です。

このようなハイアード・ガンの弁護士と交渉するときには、ひたすら我慢するしかありません。あきらめたら相手方弁護士の思う壺だからです。

〔高中正彦〕

第4章
不動産事件の交渉学

序 交渉のガイド

不動産事件の位置づけ

不動産に関する事件は、全国あまねく存在し、法人・個人いずれもが依頼者になり得るなど、弁護士が取り扱う案件の中でも多くの弁護士が関与する機会があるという意味において、最もポピュラーな類型の１つといえるでしょう。

また、不動産は、ある場合は生活の場であり、ある場合は事業活動の場であり、またある場合は投資対象です。依頼者にとって当該不動産がどの意味を有しているかによって、解決に向けて検討すべき考慮要素が大きく異なるという特色があり、その意味でも非常に幅が広い類型といえます。

本章で取り上げる交渉場面

１つ目は、**立退料の交渉**の事案です。立退料の額は、とりわけ任意交渉の場合においてケース・バイ・ケースであるとよくいわれます。その理由はどこにあるのでしょうか。

建物賃貸借契約の実務におけるいわゆる立退料は、法律の中に根拠を求めれば、借地借家法28条の「財産上の給付」ということになります。この「財産上の給付」は、建物の賃貸人および賃借人（転借人）が建物の使用を必要とする事情、建物の賃貸借に関する従前の経過、建物の利用状況および建物の現況と併せて総合考慮される正当事由の補完要素として説明されていますので、このことだけをみても、ケース・バイ・ケースであるというのは納得できるところです。

もっとも、上記はあくまでも賃貸人側が一方的に解約を希望しているという事実関係を大前提とした議論であり、実際の事案では、賃借人がもともと移転を希望しているケースや、賃貸人との間で争訟関係に発展した結果、交渉の途中で移転を希望するに至るケースも当然あります。賃借人側の意向で賃貸借契約を終了させる場合には当然立退料は発生しませんので、立退料の任意交渉の実務ではこのような力学も相まってなおさらケース・バイ・ケースとなっていると考えられるのです。

ここでは、賃貸人からの更新拒絶をベースとしつつも、賃借人側にも賃貸借契約を必ずしも長く続けられない事情があるケースを選んでみました。ケース・バイ・ケースとされる退去条件について、どちらがどのように切り出し、どのように収斂していくのか、ご自身の視点で観察していただき、実際の案件において交渉戦略を考える一助としていただければと思います。

２つ目は、**賃料滞納事案における建物明渡し交渉**の事案を取り上げました。獲得目標について優先順位をつけることの重要性や、劣後する交渉事項についてどのように交渉を行うかなど、この類型ならではの留意点について考察を深めるきっかけとなれば幸いです。

1 建物賃貸人・賃借人間の契約終了交渉（弁護士間交渉）

［受任事件］

Xは、築50年が経過している2階建てのビル（本件ビル）を個人で所有する人物であり、2階部分に自らの事務所を構え、1階部分を事業者向け賃貸用の区画としている。Yは、飲食業を複数店舗展開している株式会社で、本件ビルの1階部分をXから賃貸期間2年、賃料月額20万円（税別）の普通賃貸借契約により賃借し、y店舗を営業している。

Xは、本件ビルの老朽化が顕著になってきたため、そろそろYに退去してもらい建て替えをしたいと考え、Yとの賃貸借契約期間満了の9か月前に、知り合いのA弁護士に相談した。

Scene1　依頼者と打ち合わせる（賃貸人側）

X　私としては、あと2～3年くらいで本件ビルを建て替えたいと考えています。Yとの賃貸借契約の次の更新のタイミングが9か月後ですが、退去してもらうにはどのようにしたらよいのでしょうか。立退料の負担が低ければ助かるのですが。

A　分かりました。立退料についてご説明しますと、借主の方から自ら退去するという場合は当然このような金銭のやりとりは発生しません。普通建物賃貸借契約の場合、期間満了によっても正当事由がない限り契約は終了しないとされていますので、賃借人が自ら退去を申し出ない限り、原則として立退料の支払を前提とした退去交渉をやはり検討せざるを得ないということになりますね。

⇒Review1

X　そうですか。私も、一定の立退料の支払はやむなしと考えています。ですが、y店舗は最近あまり客が入っておらず、経営が芳しくなさそうでもありますので、先方から退去の申出がある可能性もあるのではないかと感じています。

A　なるほど。期間満了で建物賃貸借契約を終了させるためには、1年前から6か月前までの間に更新拒絶通知をすることが必要ですので、遅くとも次の更新の6か月前には通知を送って交渉を開始するのがよいといえますね。

X　分かりました。

A　ですが、本件では賃借人から任意退去を申し出てくる可能性がそれなりにあるということであれば、賃借人の方から契約終了を申し出てくるのをぎりぎりまで待った方がいいかもしれません。一方で、6か月前の正式な更新拒絶通知の前に、なるべく早い段階でこちらの事情を説明しておく方が賃借人の心情を害さず、交渉がスムーズに進む場合もあります。

⇒Review2

X　老朽化の話は、先方にはこれまでも折に触れて伝えていますので、6か月前の解約申入れで特に心情を害することはないのではないかと感じます。今すぐに交渉開始するのではなく、更新の6か月前まで待ってから、A先生から通知を送ってもらい交渉開始していただきたいのですが、お願いできますでしょうか。

A　分かりました。その方針でいきましょう。

[Review]

1 十分な法律知識を備えておく

法律の専門家である弁護士にとって、事件処理に必要な法律知識を備えておくことの重要性はいうに及びませんが、紛争案件で交渉するにあたっても、正確な法的知識を有しているか否かがその成否に大きな影響を与えることが多々あります。

ケースについていえば、賃貸人としては、契約期間満了時に契約が終了するとの立場に立って交渉できるのか、それとも期間満了では終了しない前提で交渉せざるを得ないのかは、交渉の成否に影響を与える決定的な要素であり、賃貸人としてはもちろん前者を目指すことになります。そして、そのためには普通建物賃貸借契約においては期間満了の6か月前までの更新拒絶の通知と正当事由がなければ期間満了によっても終了しないという借地借家法の規律を正確に理解しておくことが不可欠です。

このように、不動産の賃貸人と賃借人との間の法的交渉において、借地借家法の正確な理解は必須です。契約締結日が平成4年8月1日以前である場合には借地借家法ではなく旧借地法、旧借家法が適用されることにも留意しておく必要があります。昨今は、民法をはじめとする基本法はもちろん、特別法も頻繁に改正がなされていますから、これらの内容を正確に理解しておくことが求められていますし、改正規定が適用される日がいつかも注意しておかなければなりません。

2 交渉開始のタイミングを見極める

一般に、依頼者が弁護士に交渉を依頼する場合、できる限り早期の解決を望みますし、実際にも、依頼者を紛争の負担や悩みから早期に解放してあげることはとても重要なことです。その点のみからすれば、交渉の開始は早ければ早いほどよいということになります。しかし、交渉目的の実現という観点では、早いことそのものに特に意味があるわけではありません。むしろ、適切な時機すなわちタイミングという要素の方が重要です。

ケースについていえば、A弁護士は、賃借人の経営状況や従前のやりとりの経過も踏まえて、賃貸人側から退去を求める意思を表明するタイミングについて、法の定めるぎりぎりまで待つという方針をとっています。

弁護士としては、スピーディーな対応を心がけることは非常に重要なことですが、他方で、事案に応じた適切なタイミングを見極めようとする目も常に持っておく必要があるといえます。

Column

ルーティンの効用？

〔川口智也〕

プロ野球と大リーグで活躍したイチロー選手は、試合の日の一連の行動をルーティン化して大切にしていたといわれています。不確定要素の多い野球というスポーツの試合で結果を出さなければいけないからこそ、ルーティン化できる部分はルーティン化することで自身のメンタルを整えていたということだそうです。

交渉においても、特に相手がどんな人かすら分からない初回の交渉は不確定要素が多すぎて緊張するのではないでしょうか。このようなとき、交渉の最初にルーティン化しやすい儀礼的定型的な話をある程度の時間をかけて行うようにすることで（天気の話をする、面談の時間を頂戴したお礼をいう、自分がどのような立場で交渉に臨んでいるかを説明する、面談の趣旨を説明するetc.）、とりあえず最初に何を話せばよいかという不安から解放されますし、相手の相槌の打ち方やその際の表情などから、相手がどのような人間かということの一端や相手がどのような感情で交渉に臨んでいるかなどを感じとるができ、その中で自分のメンタルも落ち着いてくるように感じています。もちろん、相手の空気感によってはルーティンを途中で切り上げる柔軟性も必要だと思いますが、その空気感を知ること自体もルーティンの効用だと思うのです。

Scene2　更新拒絶通知書を送付する（賃貸人側）

（３か月後）

[A]　この３か月間、特に賃借人からの動きはなかったということですね。

[X]　はい、特に動きはなく、賃料も滞りなく支払われています。

[A]　分かりました。では、Ｙに対して更新拒絶通知書を送ることとしましょう。あらかじめ通知書の案（次頁）を作成しておきましたので確認いただけますか。 ⇒Review1

[X]　内容を確認しました。この内容で送付をお願いします。

[A]　分かりました。電子内容証明で送付します。ところで、相手に提示できる立退条件について、現時点で何かお考えはありますか。

[X]　そうですね。私としては、建て替えは２～３年後を予定していますので、すぐに出て行ってもらうために多額の立退料を支払うよりも、２～３年かかってゆっくり出て行ってもらうということでよく、その代わり立退料は安く抑えたいと考えています。

[A]　なるほど。そうしますと、たとえば立退料の支払がゼロになるのであれば、今おっしゃった２～３年間について賃料を免除するという解決は、方向性としては考えられそうですか。

[X]　金融機関に対する借入金返済もありますから、できれば賃料免除の期間は短い方がいいのですが、方向性としてはそのようにご理解いただいて構いません。

[A]　分かりました。今の話を念頭に、できるだけＸさんに有利な解決ができるよう努めてまいります。まずは更新拒絶通知書を先方に発送しますね。 ⇒Review2

▼ 更新拒絶通知書

令和５年○月○○日

東京都○○区○○○丁目○番○号○○ビル２階
株式会社Ｙ
代表取締役　○○　○○　殿

東京都××区××丁目×番××号
凸凹ビル３階
Ａ法律事務所
電話　03－0000－0000番
Ｘ代理人
弁護士　Ａ　一　朗

更新拒絶通知書

当職は、Ｘを代理して、次の内容を通知いたします。

Ｘは、末尾表示の物件（以下「本物件」といいます。）を、貴社に対し賃貸しておりますところ（当該賃貸に係る契約を以下「本件賃貸借契約」といいます。）、築50年以上の経過に伴う老朽化により、本物件は、賃貸借契約を継続するに不適格な状況にあると判断しております。

そこで、本件賃貸借契約は、令和５年○月○日の満了をもって更新せず、終了させていただきますので、この旨本書により通知いたします。

貴社におかれましては、上記契約期間満了日までに本物件を明け渡して頂きますよう何卒ご理解ご協力のほどお願い申し上げます。

なお、本件に関する一切のお話合いについては、当職がＸから委任を受けておりますので、本件に関する以後のご連絡は全て当職宛てに頂きますようお願い申し上げます。

〈賃貸物件の表示〉
（略）

以上

[Review]

1　初回の文書にどこまで書くか

初回の文書にどの程度詳細な内容を記載するかについては、いろいろな考え方があり得ると思います。

余計な記載は、後々の交渉で自らを縛る結果を招く可能性もありますので、書面には必要最小限の内容しか記載しないという考え方には合理性があり、弁護士一般が採用する基本的な考え方の一つといえます。実際にも、書面に余計なことを書いてしまい、後に大変な苦労をした経験のある弁護士は少なくないはずです。

他方で、老朽化が顕著であったり、耐震性の脆弱さが具体化していたりするケースでは、それらの事情を具体的に記載することが相手方の戦意を削ぐ効果をもたらすことが期待できます。相手方自身は法律に明るくない場合であっても、その相手方が弁護士に相談することは十分に想定されますので、弁護士が見るとの想定のもとに、自身の主張の法的根拠が明白で強固であることを初回の文書からアピールしておくことは、交渉を有利に導くための有効な戦略といえるでしょう。

また、ケースの通知書では立退料について言及は避けていますが、正当事由に対する説得力を通知書自体でできる限り高めておくという観点からは、立退料の具体的な金額に言及したり、金額は明記しないまでも立退料を支払うつもりはある旨を明記しておくことなども考えられます。

2　交渉開始時にどこまで詰めておくか

交渉に先立ち、希望する最終解決の内容をどこまで詰めておくべきでしょうか。

交渉は当事者双方の要望を擦り合わせて妥協点を探っていく作業ですから、こちらの確固たる希望を一直線に主張して希望する結果が実現できると考えるのはあまりに楽観的であり、交渉に臨む態度としても適切であるとはいえないでしょう。そのため、交渉開始段階で最終解決の内容を考えておくにしても、確固たる内容として固めておく必要はなく、むしろ固めすぎるべきではないといえます。

しかし、他方で、交渉開始時に希望する解決結果について何らのイメージもない場合、交渉の流れを相手にコントロールされてしまうことになりかねません。交渉を一連の流れと捉え、その方向性を自らコントロールしていける程度には希望する解決結果のイメージを持っておいた方がよいと考えます。

A弁護士は、更新拒絶通知書の発送に先立ち、依頼者Xから、3年以内の退去を求めたいことおよびその引換条件として立退料の支払よりはその間の賃料免除の方を選択するが賃料免除の期間はできるだけ短い方がよいという要望を聞き取っており、交渉開始後に交渉の流れを適切にコントロールしていくために必要な準備はできていると評価できるのではないでしょうか。

Scene3　依頼者と打ち合わせる（賃借人側）

Y　私はY社の社員で、y店舗で店長をしています。顧問弁護士のB先生に相談するよう本部から指示されまして、本日相談に伺いました。

先日、y店舗についてこのような書面（更新拒絶通知書（p.135））が届いたのですが、先方のいう期限までにy店舗を明け渡す必要があるのでしょうか。

B　賃借人の賃借権は借地借家法で一定の保護がされており、賃貸借契約の期間が満了したとしても、直ちに賃貸借契約が終了するのではなく、賃貸人側が終了を主張するには終了させるだけの正当事由が必要とされています。この正当事由の存否については最終的には裁判所が判断することになります。貴社の率直なご希望として、裁判で争ってでもとにかく明渡しは可能な限り避けたいということでしょうか。

それとも、条件次第では明渡しも検討できるということになりますか。

Y 実は、このｙ店舗の経営状況が芳しくないので、長期間借り続けたいという強い考えはありません。ですので、条件次第で立退きも検討できるということにはなります。たとえば、まとまった立退料をもらうか、または一定期間の賃料を免除してもらってその期間の終了時に明け渡すというような内容が社内で話に出ていましたが、具体的な金額や期間については先生の意見を聞いて考えていきたいというのが会社の見解です。

B そうですか。裁判ではなく交渉の場合、一定期間の賃料相当額の立退料またはフリーレントすなわち一定期間の賃料免除という内容で合意することは一般的なことですので、本件もこのような方向性を視野に交渉していくことにしたいと思います。**具体的な金額や期間についてはケース・バイ・ケースといわざるを得ないところがありますので、相手と交渉する中で落としどころを探っていくことになろうかと思います。**

⇒Review1

Y 分かりました。その方針に異存ありませんので、先方との交渉をよろしくお願いします。

B それでは、簡単な受任通知を先方に送り、交渉を試みますね。交渉後、内容を逐次報告します。

［Review］

1 交渉開始までにどこまで詰めておくか

Ｂ弁護士は、具体的な条件については交渉の中で固めていくという方針で交渉を開始することにしました。このように希望する具体的な条件を固めないまま交渉に臨んで大丈夫なのでしょうか。

立退料は、賃借人が自ら積極的に退去する場合には要求することができない性質のものであることからすれば、賃借人にとっては、交渉開始後、まずは退去したくないとの意思を表明することこそが最優先事項であるといえます。また、交渉においては、支払う側が最初に提示した金額が下限を画し、受領側が最初に提示した金額が上限を画することになるという性質がありますので、賃借人とすれば賃貸人側に先に解決案を提示させることで、最初の一手で賃貸人に下限を画させるとともに、自ら上限を画してしまう事態を避けられることにもなります。まずは賃貸人に下限を画させた後で依頼者との間で希望内容の詳細を詰めていくというB弁護士の方針は合理的なものと評価できそうです。

もっとも、初回面談時に具体的な条件の話になったときにその場で適切に対応できることも重要なことですので、少なくとも最終解決の内容に対する自分なりの相場観は有しておく必要があるといえます。

Scene4　弁護士どうしで電話連絡する

A弁護士からB弁護士に架電する。 ⇒Review1

A　B先生の受任通知書を受け取りました。できればお会いしてお話したいのですが、いかがですか。

B　はい。こちらもお会いしてお話しできればと考えております。

A　それでは、○月○日○時からいかがでしょうか。場所ですが、私が先生の事務所にお伺いしますので、先生の事務所でお願いできますか。 ⇒Review2

B　分かりました。

[Review]

1　電話で交渉するか、面会して交渉するか

A・B両弁護士は、電話でそのまま交渉するのではなく、後日面会して交渉するという手段を選びました。A弁護士としては、B弁護士が退去しないと表明してきた場合にその真意がどこにあるのか（全く退去しないつもりなのか、それとも条件次第で退去するつもりなのか、後者の場合、条件はどの程度を考えていそうか）をできるだけ探りたいという状況です。

一方のB弁護士としては、退去するつもりはないという意思を表明しつつ、相手から立退条件を聞き出したいという状況です。このようにどちらも相手の真意を探りたいという状況であり、真意を探るという意味では相手の表情やしぐさまで把握しやすい面談という手段を選択したことはやはり合理的というべきです。

なお、最近はZoomなどのWEB会議ツールを用いた面談という中間的な手段が急速に普及しましたので、交渉の目的や相手との関係性に応じて適切に使い分けるとよいと思います。

2　交渉場所はどうするか

弁護士どうしで面談する場合の場所の選定については、所属する弁護士会の会館内に相談スペースがある場合は、中立的存在である弁護士会館の相談スペースを利用するケースが多いようですが、そのような相談スペースがないところでは、どちらかの弁護士の事務所で行われることが多いようです。

どちらの弁護士の事務所で行うかについては、交渉を申し入れた側が相手の事務所に赴く旨の意をまず伝えるというのが一つの自然なあり方といえます。しかし、一方的な被害加害事案において被害者側が交渉を申し入れる場合など、交渉を申し入れた側であっても相手の事務所に赴くのに特に依頼者が抵抗感を感じる場合もありますから、そのような場合は、ホテルのロビーなど両者にとって中立的な場所を選定することも検討すべきでしょう。

Scene5　弁護士どうしで交渉する

（Bの法律事務所にて）

A　Xとしては、書面をお送りしましたとおり、今回の契約期間満了で退去をお願いしたいということでして、老朽化で建て替えの必要性は明らかな事案とも考えているのですが、Yさんのお考えはいかがですか。

B　Yとしては、賃貸借契約は更新して引き続き営業継続したいと考えておりましたので、退去ということには応じられないという状況です。

A　条件次第で立退きを検討いただくことはできそうでしょうか。

B　それはもちろん、事業として借りている物件で、常に事業収支との兼ね合いで検討することにはなりますから、条件次第ということにはなるかと思います。ですが、営業継続を前提としておりますので、低い条件では応じられないと思います。

A　分かりました。たとえばですが、次の2年間を、1年間普通に借りていただき、その後1年間の賃料を免除し、最終的に2年後に退去いただくような内容でご検討いただくことは可能でしょうか。

B　難しいでしょうねえ。Yとしては、そもそも立退料としてまとまった金額でいただく方向での解決が頭にあるようですし。

A　仮にまとまった立退料の場合、いくらをご検討されているのですか。

B　依頼者と詳細に打ち合わせたわけではありませんが、少なくとも賃料3年分相当額の立退料は必要なので ⇒Review1

はないかと思いますね。

Ⓐ なるほど。しかし、営業継続を前提で考えておられるということであれば、賃料免除で営業継続できるということの方がキャッシュ・フロー上もメリットを感じやすいのではないかと思いますが。 ⇒Review2

Ⓑ それはそうかもしれませんね。３年分の賃料免除で３年後に退去ということであれば検討できるかもしれません。

Ⓐ そうですか。ただ、Ｘとしては、２年後に明け渡していただくことは必須だと考えています。

Ⓑ うーむ。そうしますと、２年間の賃料を免除していただき、２年後に明け渡すという案を双方持ち帰って検討するということにしませんか。こちらとしても依頼者がＯＫするかは分からないのですが。

Ⓐ 分かりました。こちらとしても難しいかもしれませんが、いったん互いに持ち帰って検討することにしましょう。

[Review]

1　交渉の場を有益な場とするために

Ｂ弁護士は、Ａ弁護士から受けた「次の２年間のうち最初の１年間は通常の賃貸借、その後の１年間は賃料免除で最終的に２年後に退去」という提案に対し、そのまま持ち帰ることはせず、「賃料３年分相当額の立退料は必要なのではないか」という回答をしています。このＢ弁護士の対応はどのように評価されるものでしょうか。

仮に相手の提案をそのまま持ち帰った場合において依頼者と協議するにあたっては、その提案を受け入れた方がよいと考えるか否かについて、交渉を担当している弁護士としての意見を備えておくことは必須です。そして、ここでの弁護士としての意見は、依頼者との協議を待って固める筋合いのものではないため、事前準備さえ十分にできていれば、交渉中に固まってしかるべきものになります。そうである以上、その固まった意見に沿った適切な対応をその交渉の現場で行うことも当然に期待されるのであり、こうすることで、いたずらに交渉の回数を浪費しなくて済むことになります。

ケースでＢ弁護士は上記の対応をとった結果、その後も協議が続き、最終的にＸの当初提案よりもＹにとって有利な案を持ち帰るに至っています。ここまで現場で協議したという経過があれば、依頼者との間で自身の意見を交えつつ対応方針を協議する際にも、相手の感触を踏まえた説得力のある意見として述べることができるのではないでしょうか。

2　相手の言動を利用して交渉の流れをつかむ

Ａ弁護士は、立退料の支払よりも賃料免除で一定期間貸す方がよいとの依頼者の意向に沿った方向に交渉を導くにあたり、Ｂ弁護士に対し、「営業継続を前提で考えておられるということであれば、賃料免除で営業継続できるということの方がキャッシュ・フロー上もメリットを感じやすいのではないかと思いますが」と話を向けています。これは、Ｂ弁護士の「営業継続を前提としている」という発言をそのまま自分の主張に取り入れたものです。Ａ弁護士は、Ｂ弁護士から特に反対を受けることなく、自身の依頼者の希望に沿った方向に交渉を導くことに成功しているといえますが、Ｂ弁護士としても、自らの発言がベースとなっている以上は反対する考えが湧きにくかったということなのかもしれません。

交渉をうまく自分の想定する流れに導くためには、相手とできるだけ協調しつつ、明確に利害が違う部分についてはなんとか譲歩を引き出すという発想が有益であり、そのためには、交渉中の相手の発言には細心の注意を払うことが必要です。

Column

大切なのは3つ

〔髙中正彦〕

法律をテーマにした講演を依頼されることが結構ありますが、何で読んだのかは忘れましたが、「大切なのは３つ」という教えを常に念頭に置くように努めています。講演はだいたい１時間前後、長くて２時間が持ち時間ですが、「あれも、これも」と欲張ると、終わったときに聞き手には満腹感だけが残り講演内容については何も残りません。そこで、言いたいこと・伝えたいことは３つに絞り、それに照準を当ててしゃべるとよいというのです。

かなり前に、そのことを身をもって実感した某有名裁判官の講演がありました。新法の運用方針を説明する講演だったのですが、実に話が上手な方で、「座布団３枚！」というべき秀逸なジョークが散りばめられていました。その日は、ほかにも弁護士による平板でてんこ盛りの講演があったように思いますが、何も覚えていません。しかし、その某裁判官が話した大切なことは今でも鮮明に覚えています。３つの重要事項に絞ったわけではありませんでしたが、「大切なのは３つ」を実感させるものでした。

依頼された事件の交渉でも、「大切なのは３つ」は使えます。堅物の相手方に難解な事案の交渉をする場合、「これでもか」とばかり機関銃のように専門用語を連射しても、終わったときに相手方には何の感銘も与えていないことになってしまいます。交渉を成功に導く攻略ポイントを３つに絞り、キーワードも３つに絞って、それを丁寧に伝え、理解してもらうことの方がはるかに交渉の成功に近づくと思うのです。

2 建物賃貸人と建物賃借人の契約解除後の明渡し交渉（本人交渉）

［受任事件］

Ｘは、単身者用の居室８室を有する２階建てアパートの所有者であり、Ｙは当該アパートの101号室をＸから賃借して入居中である。Ｙの姉が連帯保証人となっている。

Ｙは、月額５万円の賃料について、直近半年間にわたり滞納しており、事態を解消したいと考えたＸがＡ弁護士のもとを訪ねた。

Scene1　依頼者と打ち合わせる

Ⓧ　賃借人から賃料を６か月滞納されて困っています。何とかなりませんか。

Ⓐ　賃貸借契約書を拝見しますと、「３か月分の家賃の滞納があった場合には、賃貸人は直ちに契約を解除することができる」との無催告解除条項がありますね。賃料未払の解消を優先するか、それとも退去してもらうことを優先するかで当面の方針が異なってきます。どちらを優先したい気持ちが強いですか。

⇒Review1

Ⓧ　Ｙさんには４年前から貸していますが、入居当初から賃料の滞納が多く、督促してようやく入金されるということが繰り返されてきました。この半年間に至っては、督促しても入金されないという状態で、退去してもらいたいという気持ちは強いです。ですが、この時期は次の賃借人を探すのも大変ですし、Ｙさんがすぐに全ての滞納分を支払うのであれば、今回に限り退去を求めないことでもよいかなと思います。

Ａ　なるほど。半年間も滞納の事実があるということであれば無催告で解除することも考えられますが、解除が認められないリスクは催告解除の場合よりも高いですので、ご要望も踏まえ、催告をして、催告書到達後１週間以内に全額の支払のない場合に解除するという方針でいこうと思います。それから、連帯保証人に対する未払賃料分の請求をこの催告と同時にするかどうかですが、明渡しの実現を優先するのであれば、現状は見合わせた方がいいかもしれません。連帯保証人が賃料を用立てた場合は賃貸借契約を解除できなくなる可能性があるからです。 ⇒Review2

Ｘ　そうですね。連帯保証人への請求はまだしていただかなくて結構です。

Ａ　それでは、次頁の内容の書面を先方に送りますね。

[Review]

1　方針選択は慎重にする

賃料滞納事案の場合、賃借人からの賃料の回収を優先するのか、それとも賃借人に明渡しを求めることを優先するのかにより、最初にとるべき手段が変わってくることがあります。

賃料の回収を優先する場合には、賃借人に滞納賃料の請求をし、さらに連帯保証人にも請求をすればよいということになります。これに対し、明渡しを優先する場合には、解除前に未払賃料を支払われてしまっては解除ができないことになりますので、無催告解除が可能な事案であれば無催告解除も選択肢の一つとして検討することになります。

また、催告の内容証明郵便を送る際に連帯保証人も宛名に加えると、連帯保証人の用立てにより滞納が解消されて賃貸借契約の解除が困難になるという事態にもなりかねませんので、催告の際に連帯保証人も対象にするかどうかは慎重に判断すべきだといえます。

▼ 催告書兼解除通知書

令和５年○月○○日

○○県○○市○○町○丁目○番○号
○○アパート101号室
　○○　○○　殿

東京都××区××丁目×番××号
凸凹ビル３階
Ａ法律事務所
電話　03－0000－0000番
Ｘ代理人
弁護士　Ａ　一　朗

催告書兼解除通知書

当職は、Ｘを代理して、次の内容を通知いたします。

Ｘは、末尾表示の物件（以下「本物件」といいます。）を、貴殿に対し、賃料月額５万円、賃料の支払時期を毎月月末限り翌月分の支払とする内容で賃貸しておりますところ（当該賃貸に係る契約を以下「本件賃貸借契約」といいます。）、貴殿は、令和５年○月から同年○月までの６か月分の賃料合計30万円を滞納しておられます。

つきましては、上記30万円の未払賃料を、毎月の賃料支払口座宛てにお支払いください。

本書面到達後１週間を経過した時点で上記30万円全額の支払が確認できない場合は、本書面をもって本件賃貸借契約の解除の意思表示とし、本件賃貸借契約を解除させていただきます。

なお、本件に関する対応につきましては、当職がＸから委任を受けておりますので、本件に関する以後のご連絡は全て当職宛てにいただきますようお願い申し上げます。

〈賃貸物件の表示〉
（略）

以上

2　明渡しを求める場合は迅速にする

賃貸経営を行う不動産オーナーにとって、滞納を続ける賃借人から賃料を回収することを優先するか、それとも明渡しを求めることを優先するかの方針を決定するのは往々にして悩ましい問題です。新たな借り手がすぐにつくことが見込まれる場合には明渡しを優先するという方針につながりやすいと考えられますが、新たな借り手がなかなか見つかりそうにない場合には、経済的には賃料回収を優先せざるを得ないということもあり得ます。

しかし、一度明渡しを求める方針に決まった場合には、新たな借り手に貸せる状態を早期に実現することが経済合理性にかなうことになりますので、その依頼を受けた弁護士としては、できるだけ迅速に進めていく必要があるということになります。

Scene2　依頼者と方針を協議する

（10日後）

A　書面の到達は８日前に確認できていますが、賃料の支払はなかったということですね。

X　はい、全くありませんでした。

A　そうしますと、既に賃貸借契約の解除の効果が発生し、契約が終了している前提で動いていくことになります。私としては、まずは訴訟を提起し、そのうえで退去を求める交渉をしていこうと思います。 ⇒Review1

ところで、訴状では明渡しとともに未払賃料も請求しますが、今後の交渉において、退去実現と未払賃料の回収のいずれを重視するか優先順位をつける必要があります。退去の実現の方が優先順位は高いことは間違いないと思いますので、退去実現を優先し、未払賃料は回収できなくてもやむなしという方針にご了解いただきたいのですが、よろしいでしょ ⇒Review2

うか。

X　はい、それは仕方のないものと心得ています。

A　訴訟では、連帯保証人も共同被告にしようと思いますが、先の優先順位から、まずは賃借人との交渉を先行させますね。 ⇒Review3

[Review]

1　交渉先行か、訴訟提起先行か

一般的な紛争案件においては、交渉を先行させ、交渉がうまくいかない場合に訴訟提起を検討するという順序を辿ることが多い中、A弁護士は、まず訴訟を提起してから交渉を行うという方針でいくようです。

これは、現状維持のまま時間だけが経過することについての利益状況が、Xにとっては不利益そのものであるのに対し、Yにとっては利益そのものであるといった形で真逆であるためでしょう。このような利益状況を打破するためには、Xとしては訴訟提起から強制執行へと粛々と進めていく中で、早期かつ穏便な目的実現のために任意交渉を並行して行うという方針をとることに合理性があると考えられるのです。

2　明渡しの実現と未払賃料回収との優先順位をつける

賃貸借契約の解除が法的に認められる場合、賃貸人が賃借人に明渡しを求めることと未払賃料等の支払を求めることはいずれも法的権利と整理されます。このように、いずれも法的権利である以上は、両方の完全な実現を同時進行で追求することこそが正しい態度ということになるのでしょうか。

賃料滞納事案の場合、賃料を払っていないのは金銭的に余裕がないからこそであるという場合が多いでしょう。賃借人として明渡し義務を履行するにも次の入居先に移転するための費用等一定の金銭の支出は不可避と考えられます。金銭的に余裕がない賃借人に対し、未払賃料の支払と明渡し義務の履行を同時に求めた場合、賃借人としては不可能を強いられているような気持ちになり、いずれの義務に対しても任意に履行する意欲を失ってしまうことが懸念されます。

やはり、賃貸人として明渡しの早期実現という目的の達成を重視する場合には、未払賃料等の回収については後回しにするという形で優先順位をつけざるを得ないのではないかと思います。

3　連帯保証人をどのように位置づけるか

賃貸借契約における明渡し義務は、賃借人の一身専属的な義務であり、連帯保証人はこの義務自体を負うものではないと考えられています。そうすると、未払賃料の回収よりも明渡しの実現が優先するという方針の下においては、賃借人に対する交渉を連帯保証人に対する交渉よりも優先的に行うというA弁護士の方針には合理性があるとの評価ができそうです。

もっとも、連帯保証人に賃貸人として連絡をとって状況を説明した結果、連帯保証人が積極的に明渡しの実現のための環境整備（移転先の確保、移転費用の調達等）に動いてくれて、明渡しがスムーズに実現することも現実にはあり得ます。特に賃借人と連帯保証人との間に強固な人間関係があるような場合（連帯保証人が賃借人の実父である場合等）には、このようなことも期待できますので、状況次第で連帯保証人に積極的にアプローチすることも頭においておく必要があるでしょう。

Scene3　相手方と交渉する

賃貸借契約書記載のYの電話番号にA弁護士が架電した。

Ａ　○○裁判所からの訴状は届いていますね。

Ｙ　はい、もらっています。

Ａ　訴状の請求の趣旨という欄に、101号室を明け渡せということが記載されているのをご覧になったと思いますが、明渡しについてどう考えていますか。

Ｙ　賃料を滞納したことは申し訳なく思っていますが、

滞納した賃料はもう少しで準備できるので、明渡しはそれまで待ってほしいのですが。

A　もちろん未払賃料を支払ってもらう必要はありますが、既に賃貸借契約は解除されていますから、支払ったからといって退去しなくてもよいということにはもはやならない状況ですよ。

Y　とにかくすぐに出ていくことは無理なので、時間をください。

A　困りましたね。ちなみに、このままいくと、当方の勝訴判決は間違いないと考えていますので、最終的には執行官が強制的に明渡しを実現することになります。強制的な手段はできれば避けたいと思いますので、ぜひ本気で引越先を探してください。１週間後に状況の確認の連絡をさせていただきます。ところで、○月○日（４週間後）の裁判の期日は把握されていますか。 ⇒Review1

Y　確か裁判所から送られてきた書面に書いてありましたね。

A　○月○日と書いてあるはずです。忘れないよう予定しておかれることをお勧めします。

[Review]

1　置かれている状況を正確に理解させる

訴訟提起を先行させて入居者と明渡し交渉を行う場合、入居者に対し、自身が置かれている状況、すなわち、このままいくと最終的には執行官による強制退去となることを正確に理解させることこそが何よりも効果的な交渉ということになります。

入居者が法律に明るくない場合も多いと思われますので、できるだけ分かりやすい言葉を用いて説明する必要があるでしょう。

Scene4 相手方に状況を説明する

1週間後、A弁護士からYに架電した。

A 引越先のあてはつきましたか。

Y しばらく知り合いのもとにお世話になろうと思います。1か月以内には退去の準備が整うと思います。

A 荷物の搬出も完了しそうですか。

Y それほど荷物はないですし、大丈夫です。

A では、搬出が完了し鍵を返却できるというタイミングになったら私宛てに電話連絡いただけますか。退去立会の日時を決めたいので。

Y はい。電話します。

A 退去の方はそのとおり進めていただくとして、未払賃料の清算の方はどのようにお考えですか。 ⇒Review1

Y そもそもいくら払えばよいか、訴状を見てもよく分からなかったのですが。どちらにしてもまとまったお金はないので、少しずつしか払えません。

A 訴訟では遅延損害金等も請求しており、分割で払っていくとした場合、遅延損害金は支払の時期や都度の支払の金額によって変わってきますので、おっしゃるとおり一概に明確というわけではありません。はっきりといえることは、貸主にこのまま勝訴判決が出た場合、遅延損害金分を含めてあなたと連帯保証人に強制執行をすることができる権利が貸主に発生するということです。

Y 強制執行ですか……。

A 強制執行されないためにも、Yさんとしては、まずは退去日までの賃料相当額についてはせめて分割で支払っていくということでお考えになるのがよいの ⇒Review2

ではないかと思います。退去日までの賃料相当額を払ったら貸主のXさんがそれ以上請求しないということにしてくれるかどうかは分かりませんが、Yさんとしては、最低限のけじめと考えられるところまでまず支払い、その後に貸主に相談するという順序でお考えになってはいかがですか。

Y　そうですね。

A　支払先の銀行口座を今から口頭で申し上げますね。メモのご準備はよろしいですか。

Y　はい、お願いします。

（A弁護士が口頭で口座を伝える）

A　では、その口座に支払うようにしてください。
ところで、連帯保証人であるお姉さんとは連絡とっていますか。

Y　まだ連絡はとっていないです。申し訳なくて合わせる顔がないのです。

A　分かりました。お姉さんに対してはこちらで適宜別途対応します。あと、しつこいようですが、裁判期日までに明渡しと支払が全て完了する見込みがないということであれば、裁判期日はぜひご出席ください。

Y　分かりました。

[Review]

1　優先順位の低い交渉事項でも簡単にはあきらめない

A弁護士は、明渡しについてYの任意履行の具体的な意思を確認した後で、未払賃料の回収の問題を切り出しています。そして、未払賃料を支払わない場合どうなるのかなど、Yが置かれている状況を正確に理解させるための説明を丁寧に行うなどして、Yが任意に未払賃料を払うように交渉をしています。この後実際にYが支払ってくるかは分かりませんが、未払賃料について何も話をしない場合よりは、支払ってくる可能性自体は増えたものと評価できるのではないでしょうか。

このような交渉の結果、未払賃料の一部について回収できるということはままあることですので、代理人弁護士としては、優先順位の低い事項であり、かつ依頼者から放棄やむなしとの意向まで取り付けている場合であっても、依頼者の権利の実現について簡単にはあきらめないという姿勢は大切だといえるでしょう。

2　相手に対するアドバイスが有益なこともある

A弁護士は、Yの「いくら支払えばよいか訴状を見ても分からなかった」との発言を受け、「Yさんとしては、最低限のけじめと考えられるところまでまず支払い、その後に貸主に相談するという順序でお考えになってはいかがですか」と返しているところ、これはYに対する助言のようでもあります。そのためか、Yとしても受け入れやすく納得しているように見受けられます。

弁護士は、基本的人権を擁護する法律の専門家として社会から一定の信頼があり、交渉の相手方も多くの場合そのような一定の信頼を置いてくれています。弁護士としては、このような信頼を損なうことのないように相手方に対して誠実さを保って交渉することで相手方に納得してもらえれば、即ちそれが依頼者のための交渉活動そのものといえるのではないでしょうか。

Column

司法試験基本書の活用

〔髙中正彦〕

　司法試験に合格すると、試験勉強に使用した基本書には目もくれなくなる弁護士がいます。どんな仕事が舞い込んでも対応できるようにと「○○の実務」等の実務解説書を買い集め、研究熱心な弁護士は、「注釈○○○法」「条解○○○法」を揃えていきます。しかし、司法試験基本書は、裁判や交渉の実務に全く役に立たないのでしょうか。

　知り合いの経験40年近くのベテラン弁護士は、法律書の品揃えが豊富な書店に定期的に赴き、また、司法試験合格から間がない若手弁護士に質問して、今の司法試験基本書を買い揃えていると聞きます。その弁護士は、「さすがに司法試験の基本書になるだけのことはあって、処理中の事件の難しい法律問題について基本書を紐解いてみると、考えるヒントがちゃんと書かれているんだ」「初心に返って基本書の該当部分を読み返すと、裁判や交渉で争点になっている論点についての理解が間違っていたことを発見することもたびたびだよ」といいます。

　その弁護士は、六法関係では、芦部信喜＝高橋和之『憲法』（岩波書店）、内田貴『民法Ⅰ～Ⅳ』（東京大学出版会）、山口厚『刑法総論』『刑法各論』（有斐閣）、神田秀樹『会社法』（弘文堂）、江頭憲治郎『株式会社法』（有斐閣）、高橋宏志『民事訴訟法概論』（有斐閣）、伊藤眞『民事訴訟法』（有斐閣）、池田修＝前田雅英『刑事訴訟法講義』（東京大学出版会）等の最新版を揃えているそうです。また、我妻榮『民法講義Ⅰ～Ⅴ』（岩波書店）は今でも折に触れて参照しているといいます。永遠の名著といわれるのも頷けます。

　ただ、最新のインターネット情報を見ると、司法試験の基本書も重厚な体系書から読みやすさを優先させた書物に代わっているようです。法律書の世界もその時代を映しているのでしょう。

第5章 倒産事件の交渉学

序 交渉のガイド

倒産事件の位置づけ

複数の当事者との同時交渉が要求される典型的事件は、倒産事件です。ご承知のように、法的倒産手続には、破産、民事再生、会社更生、特別清算の４つがあり、破産と特別清算が清算型、民事再生と会社更生が再建型に分類されますが、ここでは新人・若手弁護士に依頼される頻度が高い破産事件に限定しました。会社更生と特別清算は、新人・若手弁護士が一般的に受任する事件類型ではないように思います。また、個人再生を含む民事再生は、新人・若手弁護士にも依頼があり得ますが、これに伴う交渉は、民事再生法の規定を理解していることが前提となっており、多くの実務書でも交渉事項が取り上げられていますから、それらを参照いただくことにしました。

これに加えて、私的処理である任意整理事件（私的整理事件）も、新人・若手弁護士に対しても広く依頼が舞い込む事件類型ですから、これに関する交渉を取り上げました。ただ、いわゆるクレサラの債務整理事件は、マニュアル本が広く普及していますし、クレジット業者や消費者金融業者に対する交渉は、ある程度定型化しているといえますので、本書では、対象外としています。

本章で取り上げる交渉場面

叙述の概要を説明しますと、まず、破産事件については、法人それも中小企業が依頼者であるケースを設定し、**リース会社、銀行、取引会社、高利金融業者を相手方とする交渉場面**を描き、関連するアドバイス等を説明しています。

次に、任意整理事件ですが、個人で町工場を経営している人が売上げ不振を原因として廃業するケースを設定することとしました。そして、**債権者集会での交渉場面**と**ヤミ金との交渉場面**を描き、それらに関連するアドバイス等を叙述するようにしました。

倒産事件については、これを専門とする弁護士が多数存在し、会社更生や民事再生あるいは事業再生ADRにおいて名人芸のような交渉をしていますが、私たちはそのような巨匠的な交渉力ないし交渉技術を全く持ち合わせていませんので、この点はご容赦をお願いいたします。

1 破産申立事件における債権者との交渉

［受任事件］

Q社は、貨物運送業を営む会社であるが、競争の激化、大口取引先の倒産、運転手に対する人件費の上昇等が原因となって、売上げが低迷し、銀行借入れの返済をはじめとする資金繰りが極度に逼迫した。そこで、代表者のXは、破産申立てを決意し、A弁護士に相談した。債権者数は、従業員10名を含めて30名、負債総額は、優先債権を含めて2億円であった。

Scene1 申立て前に打ち合わせる

X 悩んだのですが、従業員のリストラをすれば売上げは直ちに連動して落ち込みますし、有利子負債（銀行借入）を減らしても返済原資が見つかりません。大口取引先倒産の穴を埋める新たな取引先を開拓することも困難です。また、スポンサー探しやM&Aも試みたのですが、Q社には魅力がないといわれました。

A そこまで努力されたのであれば、破産もやむを得ないでしょう。早速準備に入りたいと思いますが、必要書類は、一覧表にしてお渡しします。まず、お聞きしたいのが、どんな債権者がいるかです。 ⇒Review1

X 運送業者ですから、まず、トラックのクレジット債務4社とリース債務3社があります。10台のトラックのうち3台が社有で、残りの7台がクレジットまたはリースです。また、ETC関係、トラックの修理・整備関係の債務があります。ほかには、銀行と信用金庫からの借入金、本社事務所とトラック駐車場の賃料債務、複合機のリース債務等です。そして、10名の従業員の労働債務があります。租税関係ですが、赤字決算が続いていたため、法人地方税、預り源泉税等が少しある程度です。

A　乱暴な債権者はいないようですが。

X　実は、高利の借入先が1件あるのです。銀行から融資を断られ、ネットで探した金融業者から500万円を年利30%で借りました。担保として、有力売掛先に対する運送代金債権の譲渡書類を渡しました。控えはもらえなかったので、どのような内容になっているか不明です。

A　そのような状況であれば、申立て予定日を決めて準備を進め、あとは一気に申立てに進みましょう。誰にも破産申立ての準備中とは話さないでください。 ⇒Review2

X　誰にも、ですか。

A　はい。従業員の方なども債権者ですし、現時点では誰にも話さないことをお勧めします。

　破産申立て直後にこれを知った債権者がトラックを運び出してしまったり、本社に乗り込んできて支払を強硬に要求したりすることが予想されますから、申立日には、トラックにはしっかりと施錠し、本社事務所には弁護士の名前で「破産申立てをしたので、無断で中に立ち入り物品を運び出すようなことがあれば窃盗罪で厳重に処罰するよう所轄警察署に申し出る」と記載した張り紙を貼っておきましょう。

[Review]

1　債権者の属性チェックを怠らない

倒産処理を依頼されたとき、任意整理と法的整理のいずれを選択するかを判断する際、債権者の数とその属性は大きなファクターになります。超大型倒産の会社更生や民事再生では、再建の見込みの有無が決定的な重要性を持ちますが、それ以外では、高利金融業者やヤミ金等のアウトローの数と粗暴性を無視することができません。とても話ができる相手ではないと判断したならば、ともかく破産申立てを急ぐほかありません。添付書類の完璧を期するよりも、混乱の回避を優先させるべきでしょう。

2　準備は静かに潜行する

倒産処理の準備は、再建型であれ清算型であれ、静かに潜行するのが一般です。通常は、社長・経理のトップ・弁護士の３者（+α）しか倒産処理の手続を予定していることを知りません。社員にも知らせません。どこから情報が漏れ、いつ取り付け騒ぎが起きるか分からないからです。そのため、社員は、倒産手続申立てのそのときまで蚊帳の外に置かれ、取引先から「なんで言わなかったんだ」などといわれのない叱責を受けるはめになりますが、やむを得ません。様子がおかしいと気付いた債権者が社長に詰め寄ってきても、「そんなことはありません」とシラを切ってもらわなければならないのです。何かの拍子で弁護士の存在が発覚しても、ウソをついてその場をやり過ごすことになります。ここでは交渉は無用なのです。

Scene2　破産申立てをする

X　私の生活のことで聞きたいことがあります。妻が取締役兼社員として経理の仕事をしていますので、その役員報酬と社員としての退職金を支払ってもよいのでしょうか。会社が破産すれば、収入の道が完全に閉ざされてしまうため、妻からは、当座の生活を維

⇒Review1

持する資金を確保してほしいといわれているのです。

A　我慢できませんか。まず、役員報酬については、給与に該当しませんから、破産申立て直前の時期にこれを支払えばその弁済は破産管財人によって否認されます。社員としての退職金については、取締役就任前の勤続年数をもとにして退職金規程に従った支払であれば、何とか否認は免れるかもしれませんが、債権者がそれを知ったら内輪でうまいことやっていると騒ぎ出しませんか。破産手続が終結した後の平和な生活を望むのであれば、ここで債権者を刺激するようなことは止めておくべきだと思いますよ。

X　それならやめておきます。

A　ところで、配当に回せる資産には、どのようなものがありますか。

X　運送代金債権が５社に対して1000万円ありますが、これがほとんどです。ただ、注文主はいずれも優良ですから、回収できると思います。

A　分かりました。急いで破産手続開始申立書の作成に入ります。

A弁護士は、着々と準備を進め、予定した日に○○地方裁判所に対して破産手続開始申立書を提出し、併せて債権者に対して次頁の書面を発送した。 ⇒Review2

[Review]

1　財産散逸防止義務を疎かにしてはならない

破産申立代理人は、破産申立会社の財産を不当に散逸させてはならない義務を負担するという地方裁判所の判決が続いており、判例理論として確立しました。その法的根拠と法的性格等に関しては見解が分かれていますが、いずれにしても、破産管財人から散逸した財産に相当する賠償責任を

▼ **破産申立ての通知文書**

破産申立てのご通知

令和５年○月○○日

債権者各位

東京都××区××丁目×番××号
凸凹ビル３階
Ａ法律事務所
電話　03－0000－0000番
Ｑ社代理人
弁護士　　Ａ　　　　一　朗　㊞

謹啓　○○の候、各位には益々ご隆昌のこととお慶び申し上げます。

突然のお手紙で失礼いたしますが、当職は、Ｑ株式会社から委任を受けた弁護士でございます。

Ｑ社は、貴社はじめ多くの取引先様に支えられて今日まで貨物運送業務を営んで参りましたが、競争の激化、大口取引先様の倒産、人件費の上昇等の要因により資金繰りが逼迫し、遂に令和５年○月○日の支払期日に支払いをすることができなくなりました。

Ｑ社は、これまでにスポンサーやＭ＆Ａ引受先を探す努力を重ねましたが、万策尽き、本日、○○地方裁判所に対して破産手続開始の申立てを行い、令和５年(フ)第○○号として受理されましたので、ここにお知らせ申し上げます。追って、各位には○○地方裁判所から破産処理を担当する破産管財人の氏名と住所を記載した破産開始決定通知書、破産債権届出の用紙等が郵送されますので、その節はどうぞよろしくお願い申し上げます。

末筆ながら、Ｑ社が貴社に対して多大なご迷惑をおかけいたしましたことを衷心よりお詫び申し上げます。

上記ご通知申し上げます。

謹白

追及されます。ケースのような親族の役員報酬支払のほか、特定の債権者の優遇の例が多いようですが、破産申立代理人が同情してしまったことにも原因があるようです。心を鬼にしなければならないわけです。

2　破産申立ての通知書に何を記載してどこに送るか

破産申立ての通知書（受任通知、介入通知とも呼びます）は、債権者に対して破産手続開始の申立てがなされ、そう時間をおかずに破産手続開始決定があることを知らしめ、自己中心的な行動を制止する効果があります。しかし、債権者の氏名や債権額等の詳細を記載すると秘密を開示した等と抗議を受けることがあります。また、送付が漏れた場合にも、どうしてウチに来ないのかと抗議されることもあります。また、これが配達された直後からは、申立代理人の事務所が電話ラッシュとなることを覚悟しなければなりません。

Scene3　債権者と交渉する（アウトロー編）

高利金融業者Bから電話が入った。

⇒Review1

B　破産したとの手紙が来たが、突然にこんなものを送りつけてなんだ。

A　Q社のX社長も、何とか存続できないかと必死に頑張ったのですが、万策が尽きたという結果です。

B　そんなことをいっているんじゃない。X社長に会って直接話をしたいから会わせてくれよ。

A　残念ですが、裁判所の破産手続開始決定があるまではどなたにもお会いさせるつもりはありません。

B　破産決定があったら会わせるということだな。

A　そうではありません。破産決定が出れば、Q社の財産に関する管理処分権は破産管財人に専属しますから、X社長に会っても意味はないということです。

B　では、X社長の自宅を知っているから、そこに行く。

A　X社長の自宅に行っても誰もいません。私が当面の間自宅にいないように指示しました。

B　ふざけた野郎だ。ところで、俺は、Q社の売掛先に対する運送債権譲渡の内容証明郵便にQ社の代表印を押してもらっているんだが、聞いているか。

A　X社長から聞いております。

B　破産の申立てをしたからには、これを郵便局に行って売掛先に差し出すつもりだ。いいよな。

A　それを出されても、破産管財人は否認権の行使をすることになりますよ。

B　否認権とは何だ。俺には破産法も何も関係ない。500万円の貸付金に利息を付けて返してもらうだけでいいんだ。

A　これ以上お話しても無駄のように思います。電話を切らさせていただきますので、ご了承ください。 ⇒Review2

B　これからあんたの事務所に行くから待っていろよ。 ⇒Review3

A　お断りします。

[Review]

1　アウトローとの交渉イロハ

暴力団対策法（暴対法）が施行される前までは、倒産事件に暴力団員等のアウトローが登場することが多かったと聞きます。高利金融業者は、暴力団員を引き連れあるいは自ら本社や工場に押し掛け、金目の物を持ち出す等して暴れたそうです。今は、暴対法によって暴力団員の跋扈はかなり減少しましたが、それでも高利金融業者、ヤミ金は相変わらず存在しています。このようなアウトローとの交渉は、一にも二にも度胸あるいは気合いです。怖じ気づいていたり、逃げようとしたりすると、アウトローは俊敏に見抜きます。一方、「俺はヤクザなんか怖くない」とうそぶく弁護士がいますが、危険だと思います。ヤクザは怖いと認識したうえで、毅然とした対応をするのがベストです。もう一つ大切なのは、余計なことはいわないことです。アウトローは、失言を決して逃しません。

2　電話にどう応対し、どう切るか

アウトローは、まず電話で責めてきます。顔が見えませんから、恐怖心をあおるために、ドスの利いた声を出したり大声で怒鳴りつけたりします。これを受ける弁護士にも、胆力が求められます。電話での応対の基本は「余計なことは言わない」「揚げ足をとられない」です。暴力団員との電話中に「ウン」と相づちを打ったら「ウンだと、この野郎！」と噛みつかれ、長電話に付き合わされることにもなりかねません。そして、電話をいつ切るかが最大の関心事となります。「あなたとは話をしません」「そんな要求には応じません」等の相手を刺激する言葉で電話を切ると、嫌がらせの電話が続きます。やはり黙々と話を聞き、かつ相手の要求にはキッパリとした拒絶の意思を伝え、相手の脅迫が緩んできた時を見定めて、「失礼いたします」と言って切ることでしょうか。

3　「これから事務所に行くぞ」にどう対応するか

アウトローの大好きな言葉に「これから事務所に行くぞ」があります。これを言われた弁護士は、「本当に来たらどうしよう」「事務職員をどうやって守ろうか」等と思案をめぐらせます。今は、事務所のセキュリティ対策が進み、事務所のドアを施錠し、インターホンで来訪者の確認をしている中・小規模事務所が多くなっていますが、それでもアウトローの来訪は嫌なものです。しかし、「これから事務所に行くぞ」と脅す方も、現実に行ったら警察官が待機していないか、目の前で脅したら警察にすぐに通報されないかと内心ビクビクしているといいます。そのためか、「これから事務所に行くぞ」と言われて現実に来たという例は、意外に少ないようです。しかし、慢心は禁物です。アウトローの属性を踏まえて、準備には万全を期するべきです。

Column

技術の進歩

通信手段が電話と郵便に限られていた頃、電話では伝えきれない細々したことや複雑なことの伝達手段は、文書の郵送でした。昔の郵便は、配達されるまでに２日は要したため、時間的な余裕がありました。すでに届いてるのに、電話口では「まだ郵便が届いていませんね。明日には届くでしょうから、明日拝見したうえでご連絡しましょう」という引き延ばしの芸も使えました。ところが、いまやFAXすら前時代的な通信手段になり、メール添付で即座に文書が到達します。「先生、いまメールで送りましたから、すぐに返事をメールでください」といわれ、時間の余裕を与えられません。

携帯電話が普及し出した頃、通信インフラが整備途上であったため、よく通話中に途切れました。反社会的勢力と交渉していたときのことです。相手は電話口ですごんでいましたが、声が途切れるので「もしもし、声が途切れるのですが」「電波がよくないようです」といっていたら、相手の声が普通のトーンになったのです。以後、怒鳴り声も減り、交渉も進みました。

あるとき、クレーマーが携帯電話で怒鳴ったりネチネチ絡んできたので、よく聞こえているのに「もしもし、もしもし」「電波が悪いようですから、いったん切ってこちらからかけ直します」ということを２回繰り返しました。最後は、こちらで故意に電話を切ったうえで「申し訳ありません。電波が悪いようで、電話が切れてしまいました」「もしもし聞こえますか」という戦法を採ったこともあります。最後は、「もういいよッ」でした。

通信技術が著しく進歩してしまった現在、このような交渉術は全く使えなくなりました。技術の進歩はいいこと尽くめではないとつくづく思います。

〔高中正彦〕

Scene4　債権者と交渉する（自己中心的な債権者編）

トラックのリース業者Cから電話が入った。

C　手紙を受け取りました。裁判所から債権届出の用紙が届くのはいつですか。

A　破産手続開始の申立てをしたばかりであり、裁判所は、破産手続開始決定を出すかどうかの審査をしている段階です。決定がなされれば、時間をおかずに書類が届くと思います。

C　トラックのリースをしているんですが、今すぐリース車両を返してもらいたいんですが。 ⇒Review1

A　リース物件の所有権がリース会社にあることは承知していますが、ここで特定の債権者のみにリース物件を返却するようなことをすると、それが広まったとき、特定の債権者を優遇しているなどと大きな混乱が起きかねませんから、破産管財人が選任されるまで待っていただきたいと思います。

C　破産管財人がつくのはいつになるんですか。トラックが誰かに持って行かれてしまっては本当に困るんです。トラックは、乗用車と違って高いんですよ。

A　破産管財人は、リースのトラックが破産法上の取戻権の対象であることは承知しているはずですから、裁判所の取戻権の承認許可を取ってそう時間をおかずに返還してくれると思います。トラックですが、誰かに持って行かれることのないように管理しています。

C　そんな不確定な話では本当に困ります。弁護士のあなたが間違いなく返すという一筆を書いてくれませんか。これから事務所に行きますが。 ⇒Review2

A　来られてもできないものはできないというだけです。

C　裁判所にあなたの対応が不誠実だと苦情をいっていいですか。

A　お好きにどうぞ。失礼します。

［Review］

1　自己中心の債権者をどう説得するか

取引先の倒産に直面した債権者は、自己中心、悪くいえば身勝手になりがちです。破産申立てをする弁護士は、債権者の全体を見渡すことができますが、債権者は全体が見えません。したがって、何としても自己の置かれた不利な立場を少しでも有利に持っていこうと考えるのは自然なことです。ケースのリース業者も、自己の損失を少しでも減らすべく一所懸命です。これに対応する弁護士に求められるのは、債権者の公平確保、混乱の回避についての強い意思力です。時にマニュアル対応と批判されても、決して特定の債権者に同情してはなりません。特定の債権者への同情は、堤防に開いた蟻の穴のようなもので、堤防の大決壊を引き起こす可能性を秘めています。相手方が説得をどうしても聞き入れないときは、突き放すしかありません。

2　無理難題を突きつける債権者にどう対応するか

自己中心の債権者は、えてして無理難題を突きつけてきます。ケースでは、申立代理人に一筆を書けというようなものです。自己中心な債権者には、特段の悪意はないのが通常であって、「会社内で上司に報告するための資料がほしい」とか、「ここで何もしないと自分の責任にされてしまう」というような動機に基づくのがほとんどです。しかし、そうだからといって無理難題に応じてしまうと、次の無理難題を言い出してきます。固いとか冷たいと言われようが、できないものはできないと断るだけです。最後に捨て台詞を言われることもありますが、言わせるだけ言わせるほかありません。

Scene5　債権者と交渉する（怒鳴る債権者編）

Q社に貨物運送を依頼していたD社の担当者から電話が入った。

D　いつもQ社に貨物の運送を依頼しているんですが、昨日からQ社の担当者から何の連絡も来なくなり、本社に電話しても誰も出ないので、知り合いの会社に連絡したら、破産の申立てをしたと聞き、驚いています。今後のD社の貨物の運搬はどうなるんですか。

A　誠に申し訳ありませんが、Q社の社員全員を破産申立て前に解雇していますから、ご自身でQ社に代わる運送業者を探していただくほかはありません。

D　急にいわれたって困りますよ。代わりの運送業者の紹介はしてもらえないんですか。　⇒Review1

A　残念ですが、できかねます。

D　ふざけんなよ！　一方的に破産しておきながら、迷惑を被る取引先には自分で何とかしろというのか。迷惑をかけるんだから、きちんと謝罪に来るべきだろう。　⇒Review2

A　X社長には、継続的な取引先については、破産申立てが受理されたらきちんと連絡をしておくように指示していたのですが、破産の混乱の中ですべてに行き届かなかったようです。

D　それは、おまえの指示が悪かったからだろう。迷惑料を支払え。

A　そうですか。それでは、裁判所に連絡して、御社にも破産債権の届出用紙を郵送するように手配したいと思います。それに記載してご提出ください。

D　ふざけた弁護士だ。（ガチャ）

[Review]

1　破産会社の代わりを求める債権者にどう対応するか

継続的供給を内容とする契約を締結している債権者は、破産会社の突然の事業閉鎖に戸惑い、破産会社に代わる供給元の確保に奔走させられることになります。しかし、そのような迷惑を回避しようとして、一部の債権者に対して事前に破産申立ての情報を漏らせば、それを聞いた一部債権者による自己中心な債権保全策を許してしまいます。その後は、おそらく大きな混乱が起きるでしょう。したがって、破産会社からの商品供給が停止して製造等に大きな迷惑をかけることになることが予想される場合でも、破産申立準備中の情報は漏らしてはならないといえます。「計画倒産だ」と怒声を張り上げる債権者がいますが、無計画な倒産処理は混乱をもたらすだけです。法的倒産処理は、計画してなされなければならないのです。

2　怒鳴り出す債権者にどう対応するか

破産申立てを知った債権者は、債権の回収が覚束なくなることで感情が激化します。したがって、破産申立代理人の弁護士に対し、ついつい電話で怒鳴ることにもなります。電話を受けた弁護士にとっては明けても暮れても債権者の怒鳴り声に付き合わされるのはたまったものでありませんが、宿命だと思ってひたすら耐えるほかありません。たまりかねて怒鳴り返したり電話を一方的に切ったりすれば火に油となります。怒鳴り声の電話は、せいぜい続いて1週間だと思うことです。

Scene6　債権者と交渉する（金融機関編）

メインバンクのＥ銀行の○○支店長から電話が入った。

E　突然の破産の通知に大変驚いています。当行がメインバンクであることはご存じですよね。

A　Ｘ社長からそのように聞いています。

E　どうして事前にご相談していただけなかったのです　⇒Review1・2

か。

A　事前に貴行に相談すれば、救済の融資をしてくれたというのでしょうか。X社長からは、貴行には何度も訪問して融資を依頼したが、体よく断られたと聞いていますが。

E　それは、融資条件が合わなかっただけですよ。ところで、これから本部に倒産原因、負債総額、主要債権者の債権額等を記載した稟議書を送らなければいけないのですが、破産申立書の控えをいただけませんか。

A　特定の債権者のみに差し上げることはしておりません。○○裁判所に対して閲覧謄写の申請をしていただくこととしております。

E　それなら、いまから当支店に来てもらい説明してもらえませんか。その際は、X社長も一緒にお願いします。

A　それはいたしかねます。先ほど申したように、裁判所に対する破産申立記録の謄写を申請していただきたいと思います。

E　当座預金関係の小切手帳の残りを返してもらいたいのと、割引手形の買戻請求もあるのですが、対応してもらえませんか。

A　それは、破産管財人が行うことです。破産手続開始決定まであと数日だと思いますが、お待ちいただくほかはありません。失礼させていただきます。

[Review]

1　金融機関がよく言うこととは

破産会社のメインバンクは、概ね、「どうして事前に破産申立てをすることを言ってくれなかったのか」となじります。しかし、事前に相談したからといって何をしてくれるわけでもありません。また、「すぐに窓口まで来てほしい」とか、「破産申立関係の書類がほしい」と言われることもありますが、それはすべて内部の稟議書作成の資料するためであって、他の債権者の対応に追われるときにのんびりと銀行に行っている時間はほとんどありません。ただ、金融機関がよいのは、キツいことは言うものの大声で怒鳴ることがないことです。無理なことを要求された場合であっても、毅然として断れば、それ以上の無理は言ってこないのが通常です。

2　申立て前において金融機関とどう対応するか

金融機関に対して事前に破産申立ての情報を告知するとどうなるかですが、金融機関には守秘義務がありますから他の債権者に開示するようなことはなく、がむしゃらに自己の債権保全策に邁進してきます。困るのが融資引き上げに伴う預金口座の凍結です。裁判所への予納金納付等ができなくなりますし、再建型の倒産処理では運転資金の確保が不可能となって致命的な事態を招きます。金融機関は、倒産の情報に接した瞬間から対応が180度変わると考えなければなりません。

Scene7　債権者と交渉する（言質をとりたがる債権者編）

トラックの駐車場運営会社Fから電話が入った。

Ⓕ　Q社とトラック駐車場の賃貸契約をしているんですが、いま7台のトラックが駐車したままになっています。1台あたり1か月2万円の駐車料金になっていますが、7台だと1か月14万円です。この賃料はきちんと支払ってもらえるんですか。

Ⓐ　いま裁判所の破産手続開始決定を待っているところです。開始決定になれば破産管財人が選任され、その人がトラックの駐車料金の処理をすることになっ

ています。

F　そうなんですか。しかし、破産管財人からトラックの駐車料金を踏み倒されることはないのですか。

A　トラックの駐車料金は、破産財団の管理に要する費用として財団債権にあたるのではないかと思います。財団債権にあたるとなると、破産管財人が裁判所の許可を取って随時支払うことになりますが。

F　その確約はできますか。 ⇒Review1

A　確約まではできません。

F　そうであるなら、今すぐトラックを別の場所に移動してもらえませんか。財団債権とか何とかに該当するのなら、あなたがトラックを別の駐車場に移動させたとしても、その移動料金と駐車料金は全額支払ってもらえるはずではないですか。

A　破産申立ての混乱がある状況の中でトラックを移動すれば、そのことを知った債権者が疑心暗鬼になってさらに混乱することになると思います。

F　それは弁護士が上手に説明すれば回避できることでしょう。トラックを移動してもらえないというのなら、あなたの事務所の前で抗議活動をしますよ。

A　できないことはできないというだけです。失礼させていただきます。 ⇒Review2

[Review]

1　言質をとりたがる債権者にどう対応するか

破産申立代理人弁護士の大きな役割の一つが、混乱をできる限り最小にして破産管財人に破産会社の財産を引き継ぐことであり、受任通知送付から破産手続開始決定までの期間は、債権者の対応に追われます。債権者の大半は、破産申立代理人と破産管財人の区別が付かず、弁護士が破産会社の法律問題を一手に引き受けるのであろうと考えます。そのような理解が災いして、言質をとりたがる債権者が結構います。しかし、そのような言質を与えてその場をしのいでも、破産管財人から一蹴されてしまうと、今度は言った本人に対して牙を剥いて攻撃してきますから、要注意です。

2　できないことはできないと明言する

何度も述べましたが、倒産処理では、債権者の公平を図ることが極めて大切ですから、それを破ることに関しては毅然として断る必要があります。「できないことはできない」と繰り返せば、債権者は、やがてあきらめていくものです。なかには、事態を打開しようとして弁護士に依頼する者もいますが、断る相手が弁護士となっても何の変化もありません。

Column

転落

〔高中正彦〕

真偽のほどは確かめていませんが、若手弁護士がある会社の任意整理を受任し、債権者集会を開いたときの悲劇を先輩から聞いたことがあります。まだ特別清算が珍しい昭和50年代のことですが、資金繰りに行き詰まった会社から倒産整理を依頼され、任意整理をすることにした若手弁護士が、債権者集会に臨みました。債権者集会では、破産申立ての方法もあるが、任意整理の方が不動産も高価に売却できるし、売掛金の回収も高率になるなどと説明し、債権者の了解を得ようと努めました。

ここまでは、ごく普通の流れですが、落とし穴は、その先の質疑応答にありました。社長は、高利貸しには手を出していないといっていましたが、会社振出の手形がスジの悪い街金業者で割引されていたため、そのスジ悪債権者が紛れ込んでいたのです。突如「先生、この会社について何で特別清算を選択しなかったのかの理由をお尋ねしたい」との質問が飛んだのです。「特別清算なんて司法試験の勉強でも読み飛ばしていたし、そんな手続を解説した実務書もない」といえるはずがありません。「特別清算ですか」というと、スジ悪債権者は、「そんなことも知らないで倒産整理ができるのかッ」と怒声を浴びせました。これで頭が真っ白になってしまった若手弁護士は、そのスジ悪債権者の繰り人形に成り果てて不動産売却や売掛金回収を進めざるを得なくなり、うまい汁を散々吸われ、最後には、懲戒処分に至ったという悲惨な話です。

弁護士は、法律のプロですから、法律を知らないとは口が裂けてもいえません。反社会的勢力は、まさにそこを攻めてくるのです。

2 任意整理事件における債権者との交渉

［受任事件］

Xは、ある機械メーカーに納入する部品を製造する工場を個人で経営している。従業員は1名である。最近になって海外製部品との競争激化による受注減少が原因となって資金繰りが悪化し、1か月先の月末に予定している原材料仕入れ代金、金融機関からの借入返済金、工作機械等のリース料の支払の目途が立たなくなった。また、Xは、5か月前に、インターネットで知ったヤミ金から100万円の借入れも行っていた。債権者は、従業員1名、金融機関2社、原材料取引先3社、リース会社2社、ヤミ金1名、少額債権者5社の14名であり、負債総額は、従業員関係を除いて約3000万円である。従業員の退職金について中小企業退職金共済でまかなえるとのことである。資産については、売掛金は少額であるが、借地上の工場を借地権付で売却すれば、3000万円前後にはなるほか、金融機関からの借入金残1500万円については、連帯保証人になっている妻の実父が保証履行をしてくれることになっている。

Xは、何とか破産だけは避けたいと考え、知人から紹介を受けたA弁護士に債務整理を相談した。

Scene1　依頼者と打ち合わせる

A　負債の内容と返済原資から、なんとか任意整理ができるのではないかと思いますね。大きな懸念は、ヤミ金でしょうか。　⇒Review1

X　ヤミ金に手を出さなければよかったのですが、「100万円あれば今月はなんとかなる」との気持ちが勝ってしまったのです。ヤミ金とは電話で話すだけでしたが、簡単につなぎ資金を手にすることができてしまったのです。

A　その気持ちはよく分かります。ヤミ金には、何の返済もしていないのですか。

X　いいえ。借入れの送金時に、手数料と利息の合計30万円が差し引かれています。その後は利息として毎月10万円、合計70万円は支払っています。

A　そうでしたか。ヤミ金は、今後一切支払わなくてよいです。弁護士が対応すれば、請求もしてこなくなるかもしれません。

　次に、配当財源の借地権付工場の売却ですが、建物に換価価値はありますか。

X　15年前に建て替えた200㎡の建物ですから、あまり価値は高くないと思います。むしろ、300㎡の借地に価値があると思います。借地期間はあと15年残っていますし、工場の建っている地域は、駅までも近くて住宅地開発が盛んですし、地主もいい人です。

A　そうすると、借地の目的変更が必要とはいえ、売却できることは間違いなさそうですね。早速任意整理に向けて処理を進めましょう。

⇒Review2

［Review］

1　ヤミ金外しの任意整理は可能か

　ヤミ金は違法な貸付であり、借主には返済義務もありません。ただ、依頼者にとっては、怖い相手から連絡がくるのではないかなど、任意整理に踏み切ることができない一因となっていることが多いといえます。依頼者によく説明して安心を与え、弁護士がしっかり引き取ることが大事です。

　なお、ヤミ金だけとの間で早期和解をして外れてもらう方法があり得ます。昔には、高利貸外しの方法をとる弁護士もかなりいたと聞きますが、権利意識、コンプライアンス意識が高まっている現在では任意整理失敗の大きな原因になります。ヤミ金とはあくまで闘う気概で任意整理を進める必要があります。ただし、債権者集会の通知を送付するかどうかは慎重に判断すべきです。

2　配当可能性を見極めてから任意整理に着手する

破産財団が財団債権（租税債権＋従業員の未払給与）に不足して廃止となれば一般債権に対する配当は0になりますが、破産債権者はやむを得ないとしてあきらめます。しかし、任意整理の通知を弁護士から受け取れば、まず何がしかの配当があるものと期待するのが通常です。わざわざ債権者集会に出かけていったのに「配当はありません」と言われれば怒ります。債権者集会では、何がしかの配当があることを説明せざるを得ないのですが、やはり相当の裏付けを得ておかないと危険でしょう。

Scene2　債権者集会を開催する

その後、A弁護士は、Xと協議したうえで、ヤミ金を除くすべての債権者に対して次頁の書面を発送した。

A弁護士とXは、債権者集会に臨んだ。 ⇒Review1・2

A　本日は、お忙しい中をXの債権者集会にお運びくださり、誠にありがとうございました。早速ですが、Xから皆さまにお詫びのご挨拶がございます。 ⇒Review4

X　皆さまには事業閉鎖という仕儀となったことを深くお詫び申し上げます。事業継続の道を探って参りましたが、昨今の経済状況からするとこれ以上事業を継続しても皆さまへのご迷惑を増大させるばかりと考え、廃業の決断をいたしました。皆さまへの弁済方針につきましては、A弁護士からご説明させていただきます。本当に申し訳ございませんでした。

▼ 債権者集会開催の通知文書

債権者集会開催のご連絡

令和５年○月○○日

債権者各位

東京都××区××丁目×番××号
凸凹ビル３階
Ａ法律事務所
電話　03－0000－0000番
Ｑ社代理人
弁護士　　Ａ　　一　朗　㊞

謹啓　○○の候、各位には益々ご隆昌のこととお慶び申し上げます。

突然のお手紙で失礼いたします。当職は、Ｘからその債務の整理に関する委任を受けた弁護士です。

Ｘは、貴社はじめ多くの取引先様に支えられて今日まで○○部品製造業務を個人で営んで参りましたが、競争の激化等により資金繰りが悪化し、このままでは令和５年○月に各種債務の支払資金がショートしてしまう公算が極めて大となりました。

そこで、Ｘとしては、熟慮に熟慮を重ねた結果、令和５年○月○○日をもって事業を閉鎖して廃業することを決断いたしました。貴社には多大なご迷惑をおかけすることとなりますが、何卒事情ご賢察賜り、事業閉鎖後における債務の整理手続にご協力を賜りますよう伏してお願い申し上げます。

今後の債務整理の方針を貴社にお示しし、貴社はじめ債権者各位から忌憚のないご意見を賜るため、下記のとおり債権者集会を開催させていただきたく、ここにご案内申し上げます。

記

１　日時　　令和５年○月○日午後１時00分
２　会場　　○○県○○市○○区○○１丁目２番３号
　　　　　　○○○○会館３階301号室

ご多忙の時期ではございますが、何卒ご参集くださるようお願い申し上げます。

末筆ながら、Ｘが貴社に対して多大なご迷惑をおかけいたしましたことを衷心より深くお詫び申し上げます。

上記ご通知申し上げます。

謹白

⇒Review3

A　それでは、Xについての直近の貸借対照表と損益計算書をご説明申し上げます。…〔貸借対照表と損益計算書の説明〕…。

　弁済の方針ですが、私の方で売掛金を回収するほか、借地権付工場を売却して弁済原資を調達したいと思います。工場の売却には数か月を要しますが、売却できることはまず間違いないと思います。売却金額も、総債務額をカバーできるのではないかと予想しています。

　それでは、ご質問をお受けしたいと思います。ご発言される際は、会社名とお名前をお願いいたします。

B　リース会社のB社ですが、リース物件はどうなるのですか。

A　日時を決めてご返却します。その後にリース物件を処分していただき、処分代金は規定損害金から控除していただくことを考えています。

C　C社が納品した原材料が使用しないで残っていれば回収したいのですが、できますか。

A　動産売買の先取特権が成立し得るようなものであれば、返還できます。それが無理であれば、金額を交渉させていただき売り渡すことにしたいと思います。

D　D社ですが、工場の売却状況は報告してもらえるのですか。

A　私の方から定期的に書面で報告させていただきます。売却ができて皆さまへの配当ができることになったときも、書面でご連絡します。お手もとに債権届出の用紙を配布いたしましたので、ご記入のうえ私宛にお送りくださるようお願いいたします。

E　E社ですが、前にXから聞いたのだけれども、ヤミ金からの借入れがあるようです。どうするつもりですか。

A　ヤミ金からの借入れはありますが、ヤミ金も出資法違反で刑事罰を受けたくないと思いますし、私が介入することによって、今後の請求もなくなるものと考えております。

（しばしの沈黙状態）

A　ご質問もないようですので、これまでご説明した内容でXの債務整理を進めさせていただいてよろしいでしょうか。

（「異議なし」と声あり）

A　ありがとうございました。それでは、今までお話しした方針で進めさせていただきます。今後ご質問やご意見があるときは私宛てにご連絡いただければ幸いでございます。本日はありがとうございました。

⇒Review5

[Review]

1　債権者集会の会場はどう選定するか

任意整理の債権者集会の会場選定には気を遣います。参加者数が読めない、粗暴な行動をする者がいるかが読めないという困難がありますが、一般的には貸会議室を探すことになります。人数は多めに予測し、時間も長めにしておきます。会場に入りきれない参加者がいたときや紛糾してロングラン集会になったときのことも念頭に置いておく必要があります。また、分かりやすい場所にあることは当然の要請です。倒産会社という目線で見て贅沢ではないことも必要ですから、その点で、一般的に高級ホテルは候補から外れるでしょう。公共の施設は、債権者集会には貸さないところもありますから、一定の制約があります。また、特に粗暴な債権者が多いときには、警察署や交番に近い会場を選ぶことが考えられます。いずれにせよ、債権者集会の会場選びには、細心の注意を払うべきです。

2 債権者集会の会場設営はどうするか

まず机と椅子をどう配置するかですが、一般的にスクール教室様式で机と椅子を詰めて配列する方式をとった方が激昂した債権者が突如詰め寄ってくる事態を軽減させます。椅子だけですと前方に飛び出してくることを避けることが困難です。また、飲み物については、ペットボトルを出すこともありますが、投げつける事態を回避するため出さないこともあります。昔は、スチール製灰皿をフリスビーのように投げつけられたり、陶製の茶碗を投げつけられたりして怪我をした例があったそうです。

債権者に不穏な動きがあれば、警備員を配置することを行い、事前に最寄りの警察署に行って事情を説明して警備を依頼することも行います。

3 債権者集会の資料として何を配布するか

債権者集会に何も配布せずにすべて口頭で説明するという方法もありますが、参加者は何らかの持ち帰り資料を欲しがりますから、何もないと批判を招きかねません。しかし、資料はたくさんあった方がいいだろうと考えると、今度は資料内容のアラ探しが始まってしまい、集会が紛糾する原因を作ってしまいます。最低限必要なのは直近の貸借対照表と損益計算書でしょう。これを丁寧に説明していくと、債権者の納得を得やすくなります。予想配当率の見通しを立てるための清算貸借対照表（非常貸借対象表）も有用ですが、清算価格の算出方法をめぐって質問をかなり誘発し、はては紛糾に至ることもありますから、その交付は慎重に検討すべきです。なお、進行次第は、前方に張り出す方法もありますが、印刷して配布する方法も、出席債権者が進行予測をつけやすく有効です。

4 債権者集会進行上の注意点は何か

債権者集会の進行は、綿密に準備するべきです。まずは、社長のお詫びの挨拶が必須ですが、挨拶文を事前に検討しておかないと、長口上になることがあります。あまり長いと「そんな言い訳を聞きに来たんじゃない！」と野次られます。その後に倒産した原因の説明、直近の財務状態の説明、債務の弁済方針等を弁護士から説明します。これは、社長にやらせるよりも弁護士が担当した方が債権者の納得が得やすいといえます。債権者集会のハイライトである質疑応答ですが、事前に周到な想定問答集を作成しておかないと、答弁に窮することになりかねません。債権者の中には、答えに窮する事態に追い込むことを目的にする人がいますから、そのような人から「答えられないのか！」と野次られると、会場の雰囲気は一気に混乱に向かいます。質問が少なかったときには想定問答集は無駄だったように感じられるものですが、周到な想定問答集の作成は、どんな質問が来ても大丈夫だとの大きな安心を産みます。また、質疑応答の回答は、できる限り短くし、次の質問に移らせるべきです。債権者集会は、短ければ短いほど成功なのです。

5　混乱した債権者集会をどう切り上げるか

残念なことに債権者集会が荒れてしまったときは、早々に切り上げ、破産申立てに進むほかありません。問題は、どう切り上げるかですが、いきり立っている債権者に冷静になるように呼びかけてもほとんど効果は期待できません。さっさと「債権者集会は終了させていただきます」と終了宣言して裏手の出口から会場を去り、債権者を置き去りにしてしまいます。置き去りにされた債権者がその後に長々と会場を占拠することはありません。一定の時間が経過すると１人去り２人去りしていきます。

裏口から出たら、会社の出入り口に施錠し、社長以下はしばらく身を隠してもらいます。弁護士は、早々に事務所に戻り、徹夜しても破産手続開始申立書を作成し、混乱した現状を裁判所に報告して早期に破産手続開始決定を出してもらうようにします。通常は、裁判所も即日に近い形で破産手続開始決定を出してくれます。

Scene3　ヤミ金と交渉する①

Ａ弁護士は、Ｘから聞いたヤミ金Ｙの携帯電話に電話をかけた。 ⇒Review1

[A]　Ｙさんでしょうか。私は、あなたがお金を貸し付けた先のＸから委任を受けた弁護士のＡと申しますが。

[Y]　弁護士が何の用だ。

[A]　Ｘさんが事業を廃止して廃業することになりましたので、Ｘさんの借入金についてお話ししたいと思いまして、お電話しました。

[Y]　弁護士と言ったか。どこのなんていう弁護士だ。

[A]　Ａ法律事務所の弁護士のＡです。

[Y]　調べるから、折り返す。

[Review]

1　ヤミ金に電話をする

ヤミ金業者からの借入れにおいては、多くの場合、消費貸借契約書は依頼者の手もとになく、依頼者がヤミ金業者について知っている情報は、携帯番号と業者の偽名と思われる苗字のみであったりします（いわゆる「090金融」)。

弁護士は、依頼者から借入れ内容や金銭授受の方法など知る限りの情報を聴取したうえで、業者に直接電話をかけます。

ヤミ金に電話をすると、いったんはすぐに電話を切られ、事務所の情報を確認するなどしたうえで、数分後に電話があることが多いといえます。

Scene4　ヤミ金と交渉する②

数分後、ＹからＡ弁護士宛てに電話があった。

[Y]　○○にある弁護士事務所らしいな。話すことなんて

ねえよ。貸したカネに約束の金利を付けて返済してもらえばいいだけだ。

A まずは弁護士の受任通知を送りたいので、お名前とご住所を教えていただけますか。

Y なんで教えなければならないんだ。Xから直接返済してくればいいだろう。

A 当方はあなたから借りた金員については、返済義務はないと考えています。むしろ、公序良俗違反により無効で、これまで支払った返済金は全額返還いただけるものだと認識しています。

Y 何を言っているんだ、100万円を貸して、元金はほとんど返してもらっていない。借りた金を返すというのは人間として当然の話だ。あんたと話しても意味はないみたいだな。

A **支払義務があると争われるのですね。あなたによる貸付は、出資法違反で、刑事罰を受ける可能性もあることはご存じですよね。** ⇒Review1

Y 法律なんて関係ねえよ。うちのほかに、どこからいくら借りているか教えろよ。

A 債務総額などをお知らせするためには、まずは受任通知送付のためにご連絡先をお聞きしなければなりません。

Y なんだそれは。そんなの送らなくても電話でいま言えるだろ。これからおまえの事務所に取り立てに行くよ。

A そうですか。それではお待ちすることにしましょう。私の事務所の住所をお伝えします。

Y ネットで調べてあるから、いいよ。

A 何時頃にいらっしゃいますか。警察にも連絡しなけれればなりませんので。

Y　……。とにかく、支払ってもらうからな。

（結局その日は現れない）

A弁護士は、Yに対し再度電話した。

A　Yさんでいらっしゃいますか。Xの代理人で弁護士のAと申しますが、今よろしいでしょうか。

Y　お金の用意ができたのか。

A　昨日はお待ちしておりましたが。

Y　行くまでもない。いますぐXに電話をして支払ってもらう。

A　私が代理人についているので、今後一切Xには連絡しないでください。 ⇒Review2

Y　そんなこと約束できないね。

A　仕方がないですね。こちらも警察対応を急いでいただくことにします。Yさんとのお電話もこれが最後になりそうです。失礼します。

[Review]

1　ヤミ金との交渉で注意することは

ヤミ金は、業として年20%を超える高金利で貸し付けており、この行為は、出資法5条2項などにより、懲役を含む刑罰の対象となっています。また、貸金業の登録の義務を果たしていない業者については、貸金業法においても刑罰が定められています。

ヤミ金からの借入れについては、受領した元本相当額についても、不法原因給付により返還義務はありません。ヤミ金業者との会話では、弁護士が自分のペースで話を進めていくことが重要です。まず、ヤミ金に対しては一切返済義務がないのですから、決して支払う方向の話をしないことです。少しだけ支払って和解、ということは考えません。一部返済をするという内容の話になると、業者に弱気な弁護士だと見抜かれ、こちらに何か弱みがあるのではと漬け込み、しつこく電話をしてきたり、少し回収した後にさらに請求をしてくることも考えられます。ヤミ金業者は、刑事罰をおそれ、自分の氏名や住所を明かしません。そのことを認識し、強気でしっかりと交渉します。

2　ヤミ金から依頼者への連絡をなくす

ヤミ金業者の殺し文句は、依頼者のところに行って全額回収する、弁護士の事務所に行く、です。これらの話についても、警察対応を強く言うことで収まることがほとんどです。何回か電話がくることもありますが、数回でおさまるでしょう。

Column

「お代わりをいただけますか」

〔髙中正彦〕

反社会的勢力（反社）と対峙するときは、弁護士も極度の緊張感に襲われます。「ヤクザなんか怖くはありませんよ」とうそぶく弁護士がたまにいますが、こういう強がりを平然と述べる人は、信用できません。かつては、刑事弁護で世話になるから暴力団員は弁護士には手を出さないと言われたこともありますが、弁護士数が激減した今では遠い昔話です。

そんな反社との会話では、一瞬たりとも気を抜けないのですが、時に会話が途切れ、沈黙状態になることがあります。そのようなとき、反社の方から話題を切り出してくればよいのですが、弁護士側から話題を提供しなければならないときもあります。無愛想に法律の話を長々始めても、相手をイライラさせるだけです。私は、近辺のうまいものの話（あそこの○○はおいしいですね）、観光名所の話（あそこの○○は見事ですね）、歴史の話（あそこは有名な場所だったのですね）等の場面転換を画策します。「関係ねえんだよ！」と怒鳴られたら、「余計なことをいい、申し訳ありません」といえばいいだけです。

若い頃の話です。灼熱の太陽が照りつける真夏に反社の親分との間で、子分が被害者の交通事故について示談交渉をしました。背広を着込み、汗をだらだら流しながら、「失礼しますッ」といって面談場所の建物内に入りました。子分が冷たい麦茶を出したので、つい一気に飲んでしまいました。そして、おずおずと「すみません。お代わりをいただけますか」と勝負をかけたのです。親分は「いいよ。背広を脱いだらどうだ」といったのです。しめたと思った私は、「礼儀として上着は着たままにさせていただきます」と大汗を流しつつ返答しました。

その後無事示談が成立し、外に出た途端に背広を脱ぎ「暑いッ」と叫びました。

第2編

現場に学ぶ交渉術

〔高中正彦〕

序 弁護士が使う交渉術

第1編では、不動産事件を除き、弁護士が交通事故事件、離婚事件、遺産分割事件、倒産事件の各現場において当事者本人と交渉する場面を描き出し、そこに伏在する問題点や注意点についてのアドバイス等を叙述しましたが、第2編では、弁護士が交渉現場で使う（あるいは使ってはいけない）「交渉術」を分類して順不同に叙述することにしました。

「交渉術」のワードでネット検索をかけると、ビジネス交渉を中心として、実にたくさんの書籍が出てきます。さらに、「法的交渉」で検索をかけると、数冊の書籍が出てきます。これらをすべて読破してから「交渉術」を語るべきなのかもしれませんが、残念ながら、筆者（高中）には、それらを十分に咀嚼する能力がありません。そこで、榎本修『ローヤリングの考え方――法律相談・受任から交渉・ADRまで』（名古屋大学出版会、2022年）155頁以下で叙述されている交渉術が大変優れていましたので、その相当数を参考にさせていただいたうえで、私なりの23の交渉術を列挙してみました。このうちには、弁護士がやってはいけない交渉術も含めていますし、23のすべてを弁護士が現実に駆使しているというわけでもありませんので、ご留意ください。個別の交渉術のネーミングと交渉場面のサンプルは、もちろんすべて筆者のアイデアです。不釣り合いなネーミングや現実離れした交渉場面もありますが、ご容赦いただきたいと思います。

なお、第2編では、少しの例外を除き、X弁護士とY弁護士とが交渉する場面を中心にしてあります。交渉術を描き出すため、X弁護士はやや強硬なタイプ、Y弁護士はやや温厚なタイプとしています。Y弁護士については、あまりにお人好しである、悪くいえば間抜けであるとの感想を懐かれることもあると思いますが、このような交渉をしてはいけないという反面教師として位置づけていただければと思います。

❶ 目くらまし術
❷ 誠実アピール術
❸ お百度参り術
❹ すり替え術
❺ 千里の道も一歩から術
❻ 塵も積もれば術
❼ 一点突破術
❽ 泣き落とし術
❾ 焦らし術
❿ 大岡裁き術
⓫ 急き立て術
⓬ 先手必勝術
⓭ 論点ずらし術
⓮ 手ぶらで帰れない術
⓯ 傷口に塩を塗る術
⓰ 凸凹ペア術
⓱ 目には目を術
⓲ 責任放棄術
⓳ 打切り宣言術
⓴ ポーカーフェイス術
㉑ 前言撤回術
㉒ 二枚舌術
㉓ 伝書鳩術

＊　このほかにも、だんまり術（相手方の提案や働きかけに対して「はい」「いいえ」以外はだんまりを貫き通し、相手方を疑心暗鬼の状態に追い込む交渉術）、昼行灯術（わざと無能ぶりを示して交渉相手に「あいつはたいしたことがない」「あの人は能力がないから警戒する必要はない」と思い込ませる交渉術）、へりくだり術（相手方にひたすらおべんちゃらを言ってへりくだり、相手方に優越感を持たせて有利に結果を導く交渉術）等もあり得ますが、具体的な交渉場面を描写すると、交渉人が発する言葉がほとんどない状態あるいは同じ言葉が繰り返される状態になってしまうので、省略しました。

1 目くらまし術

相手方が到底受け容れないであろう過大な要求をまず提示し、それが断られるや、次に用意した少し小さな要求を提示し、その少し小さな要求には合理性があると見せる交渉術

[Sample]

X＝A社から営業損害の賠償請求交渉を受任した弁護士

Y＝B社から営業損害の賠償交渉を受任した弁護士

*　*　*

X　A社の営業損害の額は、少なく見積もっても2000万円となっています。B社さんにはこの金額に近いご回答をいただかなければ和解はしないという方針を決定済みです。

Y　いくら何でも2000万円は高すぎると考えますね。B社側で調査し検討した限りでは、A社さんの営業損害は1000万円にも届かないという結果が出ています。

X　そんな少ない金額であるはずがありません。2000万円と1000万円では倍の開きがありますが、だからといって、ここで話を決裂させてもいろいろ面倒なだけですから、私が社長を強力に説得して、20%ダウンの1600万円まで譲歩する案を提示したいと思います。

Y　いや、1600万円だって高すぎます。

X　1600万円は駆け引きなしの数字です。私としては、訴訟になっても証拠の点からも判例の趨勢からも絶対に認められる最低額が1600万円だと考えています。ここまで腹を割って思い切った最低額を示したのですから、今度はB社さん側が思い切った決断をする番だと考えますね。

Y　1600万円では、B社の社長の了解を取り付けることはまず無理だと思います。1600万円と1000万円の中間の1300万円ではどうですか。

これなら、ギリギリB社社長の説得が可能だと思います。

X　残念ですが、話になりません。1600万円が駄目ならすぐに訴訟を提起することにします。繰り返しますが、私としては、絶対に勝てると確信しています。1600万円の勝訴判決が下りたら、支払済みまでの遅延損害金も全額支払ってもらうことになると思います。仮に訴訟終結までに数年かかるとすると、年3％の遅延損害金もかなりの金額になるのではありませんか。

Y　そこまでいわれてしまうと、B社の案は修正せざるを得ないようです。1600万円にできる限り近づける検討をしてみましょう。

X　いや、近づけるのではなく、YESかNOかの二者択一で検討していただきたいと思います。

Y　そうですか。できる限りやってみましょう。

[Comment]

X弁護士が最初に提示した2000万円の金額は、Y弁護士が了解することがないであろうことを見越したものといえますが、この提示には積極的なウソの事実を述べていませんから、格別問題はないと思われます。X弁護士は、かなり強気であって、20%ダウンの金額を示したうえで「訴訟になっても証拠からも判例の趨勢からも絶対に認められる最低額」「絶対に勝てる」と述べて1600万円に有力な理由があるかのように振る舞っています。Y弁護士がここで自信を持って1600万円には理由がないことを反論していないのは、準備不足のためか、負けを覚悟しているからか、生来の性格なのかは分からないようにしてありますが、X弁護士に圧されていることは誰が見ても明らかです。また、X弁護士が「ここまで腹を割って思いきった最低の額を示したのですから」とすべてをさらけ出して大幅譲歩をしたようなことを述べていますが、そんな証拠はどこにもありません。「駆け引きなしの数字」と述べていますが、何の裏付けもありません。これらの交渉文句は、いずれも「目くらまし」といってよいと思います。

2 誠実アピール術

相手方に恭順の意を表すとともに、相手方の要求を真摯ないし謙虚に聞く態度を示して、先に相手方から要求を引き出し、それに合わせて自らの要求ないし回答を組み立てたり修正していく交渉術

[Sample]

X＝A社から営業損害の賠償交渉を受任した弁護士

Y＝B社から営業損害の賠償請求交渉を受任した弁護士

＊　　＊　　＊

X　本日は、納期に指定の部品をB社さんの工場にお届けできず、大変なご迷惑をおかけしたA社の代理人として、B社さんの賠償請求額についての率直なお考えをお伺いしたいと思います。

Y　いやいや、迷惑をかけたのはA社さんなのですから、まずは加害側のA社さんから金額の提示があるべきでしょう。

X　こちらから金額の提示をしてもよいのですが、心配しているのは、こちらの提示額にB社さんがご気分を害して今後の交渉が暗礁に乗り上げることです。A社としては、B社さんのお考えを虚心坦懐にお伺いして本件紛争を速やかに解決したいと願っております。

Y　そこまで言われるのであれば、B社側で考えている金額を提示します。金額は、3000万円です。

X　エッ。予想外の高額に驚いています。まさかそこまでの金額とは思いもしませんでした。しかし、ここで即座にお断りするのも失礼千万ですから、持ち帰って検討させていただきます。私としても、本件を早期に解決するのがよいと考えておりますから、精一杯A社側を説得してみます。検討が終わりましたら、ご連絡させていただきます。

Y　よいお返事をお待ちしております。

[Comment]

金銭交渉をする場合、請求する側が最初に提示する金額は、最高額であって、以後はどこまでダウンさせていくかということになります。これに対し、支払う側が最初に提示する金額は、最低額であって、以後どこまでアップさせていくかということになります。この攻防がまさに交渉人の腕の見せ所です。X弁護士は、従順な態度あるいはへりくだった態度を示して交渉相手から最低額を実にうまく引き出すことに成功しています。X弁護士の交渉方法には特段の問題は見い出せません。逆に、Y弁護士は、いとも簡単に手の内を見せてしまっており、やや軽率という評価ができるでしょうか。

それにしても、「エッ。予想外の高額に驚いています」は、演技派のX弁護士ならではの台詞です。交渉上手な弁護士になるためには、演技力を磨くことも必要なのかもしれません。

先輩弁護士から聞いた実話です。先輩弁護士が賠償交渉の委任を受け、相手方の依頼を受けた弁護士のもとを訪れたときのことです。相手方の弁護士は「○○先生が就かれたのであれば、姑息な駆け引きは止めましょう。○○先生の言うとおりの金額を会社側に説得して出させます。おいくらですか」と述べたのだそうです。先輩弁護士の後日談は、「いやあ、ふっかけることなんかできなかったね。一発で決まってしまったよ」でした。このような大人の（？）交渉をいつかしてみたいものだと思います。

3 お百度参り術

希望する成果を何としても獲得すべく、相手が根を上げるか感激するまでひたすら低姿勢の交渉を繰り返す交渉術

[Sample]

X＝不同意性交等罪の加害者兼被疑者Aから示談交渉を受任した弁護士
Y＝不同意性交等罪の被害者Bから示談交渉を受任した弁護士

＊　＊　＊

X　本日は、Aが犯した不同意性交の示談をさせていただきたいと考え、Bさんにお電話したところ、Y先生に委任したとのことでしたので、お伺いさせていただきました。

Y　Bから聞いたのですが、Aさんは最初同意があったと主張していたそうで、そのことでいたく立腹しています。示談は絶対にしないといっていますから、本日は、お引き取りいただくほかありません。

X　そうですか。やむを得ないと思います。

（2日後）

X　再びお時間をとっていただいたことに感謝いたします。あのあと、Aに接見して同意があったと弁解したことがあるか確認しましたが、あるといっていました。私の方から、嘘をついたAを厳しく怒っておきました。Aも、いまはBさんに大変申し訳ないことをしたと深く反省しております。何とか示談の話を進めていただけないでしょうか。

Y　Bに聞きましたら、Aさんには厳しい処罰を受けさせたいといっております。やはり示談は無理です。

X　そうですか。

（2日後）

X　お会いいただく時間をとっていただき、ありがとうございます。

Y　先生がどうしても私に会いたいといっているので、お会いしただけですよ。Bに電話で意思を確認しましたが、示談はしたくないといっています。

X　先生からBさんに示談をお勧めいただくことはできないのでしょうか。

Y　性犯罪については、被害者の感情を十分尊重すべきだと考えていますから、私から示談の無理強いはできかねます。

X　分かりました。

（翌日）

X　しつこくて申し訳ありません。どうしてもBさんは示談をしないのでしょうか。

Y　本日X先生が来られることをBさんに話したら、先生の熱心さには感心するといっていました。少し怒りが収まってきたようにも感じています。

X　ありがとうございます。そうすると、少しは示談の脈があるということになったのでしょうか。

Y　いやいや、X先生の熱心さに感心しただけでのことで、Aさんに対する悪感情は未だに強いようですよ。

X　そうですか。Bさんに直接会わせていただくことはできないのでしょうか。

Y　私から話をしてOKだったら、ご連絡しましょう。

X　ありがとうございます。

（翌日）

Y　Bさんと会ってじっくり話をしました。その結果、早くこの事件を忘れるようにしたい、そのためには示談も選択肢の一つだと言い始めました。先生と会うことは了解しました。

X　ありがとうございます。示談金ですが、いかほどといっておりましたか。

Y　そこまでの話はしていませんが、相場の金額で片付けられても困るといっていました。

X　承知しました。Aと相談して早期に示談が成立するようにします。

[Comment]

示談交渉を成功させる基本の一つが、「簡単にあきらめない」ということでしょう。特に、感情的反発が激しい相手との示談交渉では、最初に門前払いをされることはしばしばです。お百度を踏むような熱心さが相手に伝わり、相手方から好印象をもらえるようになれば、示談交渉はかなり前進します。ちなみに、ネバー・ギブアップは、交渉ごとだけに限られず、人生全般に妥当することでしょう。

ただ、このお百度参りの交渉術を使うときは、引き揚げの頃合いを見極めることが大切です。相手方に「しつこい」と思われると、逆に示談成立を遠ざけてしまいます。さらに、「度を超える」とされると、損害賠償問題や弁護士懲戒にまで発展します。現に性犯罪の被害者女性に対して執拗に示談を迫った弁護士が不法行為責任を問われ、さらに懲戒にもなった事案があります。

❹ すり替え術

> 最初に暫定的な案として提示した要求を、次の交渉の際にはデッドラインにすり替えてしまい、以後は譲歩をしないと宣言してしまう交渉術

[Sample]

X＝A社から営業損害の賠償請求交渉を受任した弁護士
Y＝B社から営業損害の賠償交渉を受任した弁護士

＊　＊　＊

X　本日は、A社がB社さんの不良原料の納品によって被った営業損害の賠償問題の話し合いに参りましたが、A社が本日までに積算した損害は、5000万円ということになっております。損害額の協議は、この5000万円という暫定的な金額をたたき台としていただきます。

Y　そうですか。5000万円をめぐっての話し合いということですか。損害を立証する資料はいただけるのですか。

X　ここにコピーを持参いたしましたので、お受け取りください。次回の協議の時までに十分ご検討ください。

Y　分かりました。

（数日後）

X　A社の損害の資料のご検討は済んだと思いますが、5000万円を賠償していただくことについてはどういう結論でしょうか。

Y　お待ちください。前回のご協議のときは、5000万円は暫定的な金額であったはずですが。B社側でもA社さんの損害に関する資料を検討したのですが、どうしても5000万円というような金額は出てこないのです。

X　それは、証拠資料の読み込みが不足しているからですよ。また、5000万円の中には、いわゆる迷惑料も含んでいますよ。

Ⓨ　そうすると、A社さんは具体的な損害額が5000万円だというわけですか。

Ⓧ　そのとおりです。本来であれば、端数が出るのですが、キリのいい5000万円に減額しています。

Ⓨ　しかし、B社としては、5000万円という金額の証拠はないと考えています。

Ⓧ　それでは、残念ですが、この件のご協議は打ち切らせていただきます。

Ⓨ　訴訟になるのですか。

Ⓧ　それはA社の決めることですから、何ともいえません。

Ⓨ　B社としては、A社さんからいただいた証拠資料からは5000万円という金額が出てこないというだけで、B社の側にはA社さんの損害を証明する資料は特に持ち合わせていないのです。

Ⓧ　そうならば、訴訟のリスクをヘッジするために、ここで5000万円で話をまとめた方が有利ではありませんか。

Ⓨ　A社さんの提示額を持ち帰って前向きに検討しましょう。

[Comment]

請求側が最初に提示する金額は、「これ以上は請求しません」という含意が当然にあり、以後の交渉でそれを下げていくのが通例ですが、そのような最初の提示額をいつの間にかデットラインにしてしまう方法です。前言を翻すわけですから、いわゆる汚いやり方に属します。

ただ、[Sample] のYのように、暫定的な金額であったものをその次にはデットラインにしてしまうやり方に真っ向から反論できない立場にあると、このすり替え術は、有効な交渉術の一つということになります。相手方の弱点をしっかりと見極めることが肝要であることを教えています。

5 千里の道も一歩から術

拒絶しないであろう小さい要求を次々に提示して受け容れさせていき、その結果として最終的に自ら希望する結果を獲得する交渉術

[Sample]

X＝賃貸人Ａから建物明渡し交渉を受任した弁護士

Y＝賃借人Ｂから建物明渡し交渉を受任した弁護士

＊　＊　＊

X　本日は、大家のＡの代理人としてＢさんに賃貸している店舗の明渡し条件の交渉に参りました。まず、立退きまでの賃料ですが、合意書ができた以後の賃料は、いわゆるフリーレントにして、いただきません。

Y　それはありがたい提案です。

X　さらに、賃貸借契約書では保証金の退去時10%償却が規定されていますが、これもいたしません。また、賃貸物件の原状回復工事も免除させていただきます。

Y　Ｂの負担が大幅に削減されますから、大変助かります。

X　Ｂさんは、移転先の店舗をどこにするかが最大の関心事だと思いますので、候補の賃貸物件をいくつか用意させていただきました。仲介業者の仲介手数料や契約時の敷金は、すべてＡ側で負担させていただきますし、引越業者もＡ側で手配してその費用も負担いたします。

Y　それは相当に思い切ったご提案だと受け取らさせていただきます。Ｂに伝え、早速移転先の店舗を検討させるようにしましょう。

X　次に、営業補償ですが、引っ越しにはどんなに少なく見積もっても１か月はかかるでしょうが、Ａ側としては思い切って３か月分の営業売上を補償したいと思います。営業補償は、通常は売上げから経

費を差し引いた利益を補填しますが、売上げ自体を補填します。

Y そこまでしていただければ文句ありませんね。

X 最後に、立退料ですが、以上を勘案して、300万円ということでお願いいたします。

Y エッ、そうなんですか。

X 300万円にご不満であれば、今までのご提案もすべてなしということになりますが。

Y 裁判になったときの解決見込みも視野に入れて検討してみますが、さまざまな条件を提案いただいていますから、立退料が300万円というのにも合理性があるかもしれません。

X 良いお返事をお待ちします。

[Comment]

「千里の道も一歩から」は、大事を為すには小事を積み重ねることによって至ることの譬えですが、交渉の王道の一つといってもよいでしょう。最初に文句の付けようのない提案をして好感を獲得し、その後さらに好条件を次々に提示して好感度をアップさせ、最終的に交渉目的（低額の立退料の合意）を達成するという手法です。これが成功するためには、さまざまな仕組みを入念に準備しておくことが求められます。単なる思いつきではできない交渉方法です。「２階に上げて梯子を外す」という言葉がありますが、[Sample] では、梯子を外してはいないものの、２階に上げているといえるでしょう。

6 塵も積もれば術

最初に小さな提示をしてそれを承諾させ、その後、要求の内容を段階的に大きくしてそれを承諾させていき、最終的には大きな成果を獲得する交渉術

［Sample］

X＝Ａ社からＢ社の経営権譲受の交渉を受任した弁護士

Y＝Ｂ社から経営権譲渡の交渉を依頼された弁護士

＊　＊　＊

X　本日は、Ｂ社さんの経営権譲渡の条件を詰め、細目を除けば大筋合意をしたいと思います。

Y　当方もそのつもりでこの席に臨んでいます。Ｂ社の社長も高齢となり、業界の先行きにも不透明感があるために、どなたか良い方がいれば、社長が全部を保有するＢ社株式を譲渡してＢ社の経営を引き継いでいただきたいと考えています。しかし、社長が保有する全株式を譲渡するわけにはいきません。特別決議が成立し得ない３分の１の株式はあくまでも残しておきたいと考えています。

X　それは、よく分かります。しかし、特別決議を成立させることができないとなると、会社を発展させるための定款変更もできなくなってしまいますから、全株式の譲渡はやはりＡ社としても絶対条件となってきます。

Y　そうすると、Ｂ社の経営引き継ぎは無理ということになりそうですね。

X　いやいや、まず、社長さんには、そのまま取締役として残っていただき、終身会長または相談役として、大所高所からご指導をいただくようにします。

Y　それは、いいですね。了解します。

X　社長さんのご長男は、経営権移管後も引き続き専務取締役として残

っていただき、経営権譲渡が成功するように頑張っていただきます。

Ⓨ　社長は、長男の処遇を心配していましたから、大歓迎です。

Ⓧ　現会社名は、今後20年間は変更しないことを約束します。

Ⓨ　現社長が一代で築いた会社なので、社名が残るというのは大変に喜ぶと思います。

Ⓧ　次に、B社さんの社員は、退職金債務を引き継いで、すべて再雇用することを約束します。

Ⓨ　B社としては、いったん退職金を支払う必要があるのかと思っていましたので、大変にありがたいことです。

Ⓧ　B社さんの○○銀行からの借入金については、A社が肩代わり返済するようにし、社長さんの連帯保証を1日も早く外すようにします。

Ⓨ　社長は、○○銀行に対する連帯保証債務を一番気にしていましたから、願ったり叶ったりです。

Ⓧ　ほかにもご要望にはできる限りお応えしますが、社長さんが持つB社の全株式をぜひ譲渡していただきたい。譲渡代金は、考えさせていただきます。

Ⓨ　そこまでやってもらえるのなら、社長に全株式の譲渡を説得してみます。たぶん大丈夫だと思います。

[Comment]

「塵も積もれば山となる」ではないですが、一つひとつはさほど大きくなくともそれが複数積み上げられると、とても大きな成果を得たように思うのが人の常です。まして、一つひとつの提案が徐々にエスカレートしていくと、最後の砦としていたことでも結構簡単に崩れ去ることがあります。もちろん、この交渉方法を採用するには、交渉相手の希望や考え方を事前に収集して的確に分析し、交渉相手が興味を示すであろう提案を周到に準備しておくことが求められます。

交渉が成功するかどうかは準備いかんで決まるといわれますが、そのとおりです。

7 一点突破術

交渉の最初に一定の原則や目標があり、それに固執する姿勢を明示して、以後はそれを軸にして相手方に譲歩をさせていく交渉術

[Sample]

X＝遺産分割事件を被相続人の妻Aから受任した弁護士

Y＝相続人である被相続人の弟

Z＝相続人である被相続人の妹

＊　　＊　　＊

X　これから故人の妻Ａさんを代理して遺産分割の協議を始めますが、その前提として、故人には子がなく、兄弟姉妹であるＹさんとＺさんが相続人なので、○○家の墓を守っていく人が誰かを決める必要があると考えています。○○家の墓を守っていく人が、その後の遺産の分割でも、○○家代々の土地建物を取得することになろうと考えるからです。

Y　故人は長男だったから、○○家の墓を守っていくのは次男の私でしょう。

Z　次男のＹは、遠方に住んでいるので、墓を維持することはできないでしょう。かといって、私も、他家に嫁いでいますから、先祖の墓を守れといわれてもできませんけれど。

Y　確かに、頻繁に墓には来れないよ。

Z　そもそも遺産の分割とお墓の承継者の問題とは切り離すべきではないですか。

X　Ａさんは、故人の「先祖の墓を守っていく人が先祖代々の不動産を取得すべきだ」との遺志を大切にしたいといっています。遺言書はありませんが、私も、故人からそのような考えを聞いていました。

Y　お墓と先祖からの土地建物をドライに切り離してしまうのは、どう

かと思うね。

X どうも○○家の墓を守っていく人は決まらないようです。そうすると、故人の妻Aさんが○○家の墓を守っていき、Aさんが死亡した時点で改めて墓を守る人を決めていくほかないように思います。

Y Zが納得しないなら、仕方がないか。

Z 私は、それでいいです。

X そうしますと、故人名義の自宅の土地建物は、妻Aさんが取得することでよろしいですね。

Y そういうことになるよね。

Z 私は、それで了解します。

[Comment]

有名な『ハーバード流交渉学』（ロジャー・フィッシャー＝ウィリアム・ユーリー＝岩瀬大輔訳、三笠書房、2011年）という本では、原則立脚型交渉の有用性を説いていますが、それは、「人と問題を切り離す」「条件や立場ではなく利益に注目する」「お互いの利益に配慮した複数の選択肢を考える」「客観的基準に基づく解決を考える」という4つの原則から成り立つとしています。[Sample] は、『ハーバード流交渉学』がいう原則立脚型とはやや異なると思いますが、原則に固執する交渉があることは理解いただけるでしょう。

なお、言い古された言葉ですが、迷ったとき・困ったときには「原点に帰れ」といわれます。複雑に利害がかみ合う案件、交渉が長期化している案件、感情的対立が激化している案件等では、原則・原点に立ち返ると解決の道が開けることが結構あります。

8 泣き落とし術

> 交渉を依頼している当事者が頑固であって交渉担当者の説得に一切耳を貸さないとの愚痴を述べるなどして、相手方の同情を誘い譲歩を求めていく交渉術

[Sample]

X＝賃借人Ａから賃貸マンションの明渡し交渉を受任した弁護士
Y＝賃貸人Ｂから賃貸マンションの明渡し交渉を受任した弁護士

＊　＊　＊

X　今日は、ＡがＢさんから賃借しているマンションの明渡し条件について最後の話し合いに参りました。これまでの交渉では滞納している３か月分の賃料の全額免除、原状回復工事の免除が合意できましたが、それだけではＡは引っ越しもできないといっております。

Y　そんなことをいわれても、これ以上の譲歩はできませんね。

X　滞納賃料の免除と原状回復工事の免除によってＡが差し入れた敷金50万円全額が戻ってくることは本当にありがたいのですが、少額でもよいので立退料を支払ってもらえませんでしょうか。

Y　それはいかに何でも欲張りすぎではないですか。

X　３か月も家賃を滞納しているのに、さらに立退料を請求することが図々しいことは承知しています。しかし、３か月程度の家賃滞納では、信頼関係が破壊されたとはいえないのではないでしょうか。

Y　確かに、３か月の賃料滞納では信頼関係の破壊が認定されるのは難しいかもしれませんが、Ａさんは、同じマンションの住人としばしばトラブルを起こしていることも主張できると考えています。

X　立退料の支払が駄目だとすると、Ａは賃借マンションを明け渡すことができませんが、そうするとＢさんの損失はますます拡大しませんか。Ａは、仮に裁判になれば徹底的に争うつもりだといっていま

す。私が「バカなことをいうな」と注意していますが、私のいうことを全く聞きません。人助けと思って何とかしてもらえませんか。

Y 困りましたね。Bは、過去にマンションの賃借人を立ち退かせる裁判で想定外の時間と費用がかかり、それ以後裁判には消極的なのですよ。ちなみに、立退料はいくらを考えているのですか。

X Aは、転居先のマンションの仲介料と敷金、引越費用を考えると150万円くらいだといっています。敷金返還分の50万円を差し引くと、100万円になりますが。Aはこの100万円は譲れないといっており、私もこれ以下の金額は説得できないのですよ。

Y Bの裁判嫌いを考えれば、100万円は呑めるかもしれません。ただ、明渡しは合意成立から15日後でお願いしますよ。

X それは了解します。

[Comment]

「人助けと思って何とかしてもらえませんか」「私もこれ以下の金額は説得できないのですよ」というのは、いわゆる「泣き落とし戦術」です。請求する側では合理的な理由がないことを承知していながらも、情緒面を訴えて相手方に譲歩を迫るものです。この技法は、特に難しい知識や知見は不要であり、要は相手方に「気の毒かなあ」「まあいいか」という気にさせれば成功となります。弁護士がこのような技法を使うことがあるのかという人もいるでしょうが、結構多用されています。弁護士には、理路整然と法律論を述べる能力のほかに、相手の感情に訴えて共感を醸成する能力も求められているといってよいでしょう。「泣き落とし」は、泣いて頼むことから来ていますが、さすがに弁護士が泣いて頼むようなことはないでしょう。しかし、弁護士の交渉相手が泣き落とし術を使うことは十分あり得ます。交渉相手が泣き出したからといってオタオタしたり同情したりすれば、交渉相手の思う壺です。

9 焦らし術

> 交渉の相手方以外からも声がかかっていることをことさら伝えて交渉の相手方を焦らせ、自らの要求を承諾させる交渉術

[Sample]

X＝地主Aから底地売却交渉を受任した弁護士

Y＝借地人Bから底地買上げ交渉を受任した弁護士

＊　＊　＊

X　本日は、A所有土地（底地）の売却のことで最後の協議をしたいと思います。

Y　最後の協議とは、どういうことですか。

X　借地人のBさんとはかなりの回数の協議を重ねましたが、Bさんが提示される底地の買取り金額は地主のAが希望している売却金額にははるかに及ばないものですから、Aは、交渉も最後にしてほしいといっています。

Y　Bの提示している底地買上げ金額は、不動産鑑定士の鑑定に基づいていますから、根拠のある数字であると考えています。

X　それは、Bさんが依頼した不動産鑑定士の鑑定でしょう。Aが依頼した不動産鑑定士の鑑定では、そのような低い金額になっていませんね。

Y　そうすると、交渉は決裂ということで調停等の裁判手続になるのでしょうか。

X　それでもよいのですが、Aは、本件の土地が大規模再開発の予定地に近いために、将来の開発を見越して、大手のデベロッパーから破格の金額での購入希望を受けているのです。Aもかなり迷っているようであり、本日、決断してもらわないとそのデベロッパーとの間で底地の売買契約を締結してしまうかもしれません。そうなると、

Ｂさんの交渉相手は大手のデベロッパーに変更されますよ。

Ⓨ　Ｂは、借地権を手放す考えは全くありませんが。

Ⓧ　それはＢさんのお考えです。Ａとしては、金額の高い人に土地所有権を売却するだけのことです。

Ⓨ　大手のデベロッパーとの交渉になれば、交渉方法も違ってきそうです。どこまで買上げ金額をアップできるかを検討する時間を少しくれませんか。

Ⓧ　Ａはかなり急いでいるようですから、１週間の検討期間とさせていただきます。

Ⓨ　購入資金を融資してくれる金融機関とも相談してみます。Ｂは、借地に思い入れが強く、私には何としても住み続けたいといっていますので、Ａさんの要望にできる限り近づけて底地売買を成立させたいと考えています。

Ⓧ　１週間後のご連絡をお待ちします。

[Comment]

「あなただけが交渉相手ではありませんよ」として、競合する人がいることを知らされると、だいたいの人は焦ります。そして、競合相手がいることが確実だと認識すると、その競合相手に勝てる条件を示すか、それとも交渉自体を断念してしまうかの選択を迫られることになりますが、一般的には、冷静沈着な判断をしないままに、競合相手に勝てる条件を示す行動に出がちです。

焦らし術は、交渉相手をそのような立場に追い込む技法です。オークションでは、せり上げ方式で落札者が決定しますが、入札者は、冷静な判断力を維持しています。それは、競合する相手が存在することをあらかじめ知っており、不意を突かれる状況ではないからでしょう。「あなただけが交渉相手ではありませんよ」は、不意を突くことで効果を発揮するわけです。

なお、競合相手がいないのにいるとウソをつくケースがありますが、それは名誉と信用を重んずる弁護士のやることではありません。

⑩ 大岡裁き術

> ギリギリまで譲歩をしないで決裂必至との状況を作り上げた後に、最後の最後で食い違い部分を両者で折半して負担する提案を行い、相手方の承諾を獲得する交渉術

［Sample］

Ⓧ＝Ａ社からＢ社買収の交渉を受任した弁護士

Ⓨ＝Ｂ社から経営権譲渡の交渉を受任した弁護士

＊　　＊　　＊

Ⓧ　Ｂ社さんのＭ＆Ａについては、ずいぶん交渉を重ねましたが、なかなか合意点には達しませんね。本日は、最後だと思って参りました。

Ⓨ　当方もこれほど交渉が長引くとは思っていませんでした。そろそろ話をまとめるか、物別れにするかの結論がほしいと思っていたところです。

Ⓧ　対立しているのは、譲渡する株式の範囲と譲渡代金の２点ですね。

Ⓨ　しかし、その２点は、Ｂ社はもちろんＡ社さんにとっても生命線ともいうべきところですから、ここを譲っては合意する意義がなくなってしまうのではないでしょうか。

Ⓧ　そのとおりです。しかし、ここで合意しないままにそれぞれが別の道を歩むことにした場合の利害得失と２つの相違点の１つは貴社の主張するところに合わせ、もう１つの相違点は当方の主張するところを採用した場合の利害得失を比較検討してはどうでしょうか。

Ⓨ　要するに、対立する２つの課題を痛み分けにするという提案ですか。

Ⓧ　そのとおりです。折半する合理的な理由はありません。しかし、今までの交渉を水の泡とするのはいかにももったいないと思うのです。

Ⓨ　そうですね。合理的な理由のない解決というのもありですね。

Ⓧ　譲渡する株式の範囲と譲渡代金について、Ａ社とＢ社さんの案のい

ずれを採用するかの話し合いがつかないときは、クジで決めませんか。

Y　それもいいですね。

X　ご検討結果のご連絡をお待ちしましょう。

[Comment]

大岡裁きに「三方一両損」という有名な裁きがあります。利害が対立する３名がそれぞれ１両ずつ損をすればよいではないかとの大岡越前守の裁定で見事に紛争が解決するのですが、それは、２当事者にも妥当します。すなわち、２当事者が全く同じ譲歩をして紛争を解決するというわけです。企業合併のときに、会長、社長の役員人事をたすき掛けにしたり、新社名の日本語表記と英語表記を違えたりすることが行われますが、これも「双方一両損」の考えに基づくものといえます。

かなり前に某高等裁判所の口頭弁論に出頭したとき、前の事件で、高名な裁判長が被控訴人代理人に対し「どうですか。控訴人の請求額の半分で和解しませんか。別に理由はありません。中間をとっただけです」と述べ、控訴人代理人はにんまり、被控訴人代理人は茫然としていました。しかし、何と被控訴人代理人はおもむろに「検討してみます」と答えたのです。おそらくその後に和解が成立したであろうと思います。高名な裁判長は、事件記録を精査した末の和解案を示したのでしょうが、心証をオブラートに包んだ言葉にはかなりの重みが感じられました。理由のない折半も意外と使えると思った次第です。

11 急き立て術

相手方に対して自らの側の交渉のタイムリミットが切迫していると伝えて追い込み、切羽詰まった相手方に自己の提案を受諾するように迫る交渉術

[Sample]

X＝相続人Ａから遺産分割の交渉を受任した弁護士

Y＝相続人Ｂから遺産分割の交渉を受任した弁護士

＊　＊　＊

X　Ａの依頼により遺産分割の協議をしたいのですが、被相続人の遺産額はかなりの金額になっていますから、６か月後に迫っている相続税の申告期限までに解決したいと思います。もしも申告期限を超過すると、相当な額の延滞税を支払わなければならなくなりますからね。

Y　話し合いがつかなければ、法定相続分でとりあえず申告してその相続税を納付し、遺産分割協議ができたときに修正申告または更正請求をすればいいのではありませんか。

X　その修正申告または更正請求には、税理士報酬がかかるではありませんか。私は、急いだ方が何かと得だと思いますね。６か月なんてすぐに経ってしまいます。相続税の申告書は、簡単にはできませんよ。

Y　そんなに急がれるのなら、Ａさんはそれなりの譲歩をするのでしょうね。

X　Ａと協議した結果に基づき、とりあえず私の方で作成してみた遺産分割案をお示しします。公平を旨としましたので、ご不満はあまりないと思いますよ。また、相続税の申告手続に関しては、私の知り合いの税理士に相続人全員分をとりあえず依頼してあり、１人当た

りの費用もできる限り安くするようにいってあります。別々に税理士を頼むとかなりの費用がかかりますからね。

Y それはそうですね。

X 不動産の相続登記についても、私の知り合いの司法書士に頼んであり、了解をもらっています。１人の司法書士に全部の登記を依頼すれば、少しは報酬が安くなるのではありませんか。

Y そうですか。それでは、Ｂの方もＡさん側が作成した遺産分割案を前向きに検討することにしましょう。

［Comment］

タイムリミットが近づいていることを利用する交渉は、外交交渉やビジネス交渉でしばしば見られるところですが、法的交渉では内容の正確さと精密さが主眼となりがちであり、スピードはさほど重視されないことが比較的多いといってよいと思います。しかし、期限のある交渉（刑事被告人・被疑者のための示談交渉が典型です）があることも間違いなく、そこでは期限を越えてしまえば目的が達成できないことになります。

タイムリミットが近づいていることを利用する交渉技法は、相手を焦らせる交渉技法の一つでもありますが、それを狙っていなくとも、相手方に決断を迫る効果があることは間違いありません。そのような決断をこちらに有利なものにさせるには、周到な読みと準備が必要なことは明らかでしょう。

12月に入ると、「今年中に解決しませんか」「お互いによい正月を迎えませんか」という台詞がさまざまな交渉場面で使われます。裁判所の和解交渉でも使われることがありますが、タイムリミットを伝えるものではないものの、お正月のお祝いを大切にするわが国では結構効果があるようです。これも急き立て術の一つに数えてもよいでしょう。

⓬ 先手必勝術

> 合意に至っていない段階で、最終合意の形での草案を自己に有利に起案して提示してしまい、相手方の承諾を獲得しようとする交渉術

[Sample]

X＝A社からM＆A交渉を受任した弁護士

Y＝B社からM＆A交渉を受任した弁護士

＊　＊　＊

X　B社さんとはこれまで数回にわたり交渉を重ねてきましたが、まだ合意に至っていないのは、○○の点、△△の点、□□の点の3つだと思います。

Y　そのとおりだと思います。ご指摘の3つの点は、今後時間をかけて合意点を探っていくことにしましょう。

X　そうですね。ただ、今現在の到達点を確認しておくという意味で、私の方で合意書の草案を作成してみましたので、お示ししたいと思います。

Y　ありがとうございます。ただ、○○の点、△△の点、□□の点は、いずれもA社さん側の考えを記載しているのではありませんか。

X　とりあえずということですよ。ただ、A社の内部ではこの合意書案に記載した内容で最終稟議を経ています。つまり、この内容であれば、明日にでも調印できるということです。

Y　手際がよいのですね。B社としては、これから○○の点、△△の点、□□の点をどうするかを検討することにしましょう。

X　それでもよいのですが、当方の作成した合意書の草案を了解するかどうかの視点で検討してもらえませんか。争点が3つに絞られたことは間違いないのですから、その方が早いでしょう。A社側は、最終稟議まで済んでいますから、そんなに時間をかけて協議するつも

りはないのです。

Y　分かりました。草案をベースにしましょう。

X　この次にお目にかかるときは、私の作成した草案にＢ社さんのお考えを書き入れていただいたものをベースに議論しませんか。

Y　そうしましょう。

[Comment]

金額をいくらにするかが合意できないときに、自己が希望する金額を記載した合意書草案を作成して相手方に示せば、かえって反発を招きます。しかし、複雑な争点が残り、その合意文書を作成するにもかなりの時間と労力が予想されるような場合、いち早く草案を作成して相手方に提示すると、その効果は計り知れないものがあります。草案を作成するのが面倒なのは当事者双方同じです。その面倒な草案をいち早く作成してしまえば、相手方に今後の協議を続けさせる意欲を喪失させる効果があるわけです。ただ、あまりにフライングがひどすぎると、相手の反発を招きますから、一方的に作成した合意書草案をどのように受け取るのかを綿密に予測すべきでしょう。

13 論点ずらし術

> 交渉を開始した後に、自らが独自に設定している一定の条件や要望が満たされていないとして論点をずらし、以後の交渉継続を拒否すると一方的に宣言し、驚きまたは困惑した相手方に譲歩を迫る交渉術

[Sample]

X＝パワハラで自殺した亡Qの遺族Aから損害賠償交渉を受任した弁護士

Y＝亡Qを雇用していたB社から損害賠償交渉を受任した弁護士

＊　＊　＊

X　亡Qの損害賠償についての示談交渉に入らさせていただきますが、まず、遺族のAとしては、大切な夫Qをパワハラによって死に追いやったB社さんからきちんと謝罪をしてもらうことが先決だといっております。B社さんはどのような謝罪を考えておられますか。

Y　謝罪が先決なのですか。弁護士が担当する交渉なので、賠償金額を協議するものとばかり思っていましたが。

X　Aは、夫Qを死に追いやるようなパワハラを放置していたB社さんが許せないといっています。パワハラをした元上司はもちろんですが、会社としてどのような謝罪をされるのかをここでお聞きしたいと思います。

Y　突然にいわれてもお答えできません。謝罪といわれますが、対面しての謝罪か、文書による謝罪かをはじめ、いろいろな態様があると思います。

X　それはB社さん側が提案してくるべきです。Aは、謝罪の方法と謝罪内容の提案を受け、それに了解したときにはじめて示談交渉に入るという固い決意を述べています。

Y　謝罪がないと示談はしないということですか。

X　そのとおりです。直ちに示談交渉を打ち切らせていただきます。

Y　パワハラがあったといわれますが、B社の社内調査委員会の調査結果では、亡Qさんに対する明確なパワハラ行為は認定することができないといっているのです。パワハラの存在が証明されていない以上、謝罪をすることは基本的に困難なのです。金銭的に上乗せする形では駄目なのですか。

X　Aは、かなり感情的になっているので、示談交渉を打ち切ってほしいと繰り返しているのですが、金額いかんによっては私から説得してもよいと考えています。

Y　謝罪なしで協議を進められませんか。B社としても、マスコミから注目されている案件なので、早期解決をしたいと考えています。次にお目にかかるまでにいくら上積みできるかを検討してみます。

X　分かりました。

[Comment]

交渉の打ち切りを一方的に宣言することは、相手方に衝撃を与え冷静な判断を困難にさせる効果がありますが、交渉打ち切りの原因が本質的なことではないときには、相手方は何とか交渉を再開させたいと考えて、交渉相手の要求を呑んでしまうことがあります。そのような行動を有効に導き出していくために、交渉の開始にあたって核心とはいえない一定の条件や要望が満たされていないことを理由にする、つまり論点ずらしをすることがあります。

ただ、この技法は、相手方がこちらに有利な決断を必ずするであろうとの予測があって初めて成り立つものであり、「分かりました。そこまで言われるのであれば、交渉は打ち切りましょう」と返されてしまえば、一巻の終わりです。状況判断をくれぐれも慎重に行わなければなりません。

14 手ぶらで帰れない術

絶対に受諾しないであろうと考える要求を出してこれを拒絶させ、そのうえで手ぶらでは帰れないといって、あらかじめ用意した本命の要求を提示し、これを受け容れさせる交渉術

[Sample]

X＝賃貸人Aから建物明渡し交渉を受任した弁護士

Y＝賃借人Bから建物明渡し交渉を受任した弁護士

＊　＊　＊

X　本日は、Bさんに賃貸している建物が建築後50年が経過してかなり老朽化したために大家のAが建て替えをしたいと考えておりますので、その明渡しの条件を協議したいと思います。

Y　事前に私も賃貸建物を見分していますが、そんなに老朽化しているとは思えませんでした。確かに、外観は古びていますが、建物内は店舗としての使用をするに何の不自由もないようです。Bの話を聞きましたが、この建物を賃借したのは今から30年前であり、以後細々ながら商売を続け、それなりのお客も付いているので、離れたくないといっています。

X　確かに、建物の老朽化が明渡し請求の正当な理由になるかという法律問題がありますが、裁判例の中には、老朽化も建物明渡しの正当理由になるというものもかなりあることはご存じのとおりです。Y先生は、店舗としての使用に不自由がないといわれましたが、建物の至る箇所を頻繁に修繕していることは聞かれていますか。

Y　Bから修繕の詳細までは聞いていませんが、現に店舗として使用しているのですから、今後も修繕をしていけばまだまだ使えると考えているわけです。

X　そうすると、建物明渡しはある程度の期間の猶予を設けてもできな

いということですか。

Y　そういうことになります。Bに、たとえば5年後の明渡しはどうかと尋ねてみましたが、「NO」ということでした。

X　そこまでいわれているのなら、Aも再考する必要がありそうです。しかし、このままただあきらめます、というわけにもいきません。せめて賃料を上げていただかないと大家のAも納得しません。1か月につき10%アップの賃料額にしてもらわないと、Aも簡単に引き下がらないでしょう。私としても、手ぶらでは帰れませんね。

Y　継続賃料で近隣相場より安いようですから、10%家賃が上がってもこの建物を使用し続けられるのなら、Bも了解すると思います。

X　建物明渡しも駄目、賃料増額も駄目となれば、Aも建物明渡し請求訴訟に踏み切ると思いますね。

Y　賃料10%アップについては、Bを説得してみましょう。

[Comment]

到底受け容れることがないと思われる提案を出し、それが予想どおり拒絶されるや、あらかじめ用意しておいた受け容れ可能な提案を直ちに出して合意に持ち込むやり方は、ビジネスの世界でも外交の世界でもよく見受けられます。法的交渉でも、同じようなやり方はかなりあります。

問題は、最初の到底通らない案の示し方です。強い調子で提案すると、「そんな厳しい案を示すのなら、和解はしないということだろう」と受け取られ、「交渉決裂で結構です」といわれ、虻蜂取らずになってしまいます。「私としてはとても無理かとは思いますが、依頼者がこれ以外の案はないと譲らないものですから、とりあえずお示しします」といえば、まだ本命の和解につなげていくことが可能です。

そして、その穏便な案を相手方に呑ませる切り札になるのが、「手ぶらでは帰れません」という台詞です。交渉人が切羽詰まった状況にあることをアピールし、同情ないしあきらめを導き出すわけですが、意外に効果を発揮するようです。

15 傷口に塩を塗る術

交渉テーマに関係のない相手方の交渉過程における失敗を探し出してことさらに非難し、予想外の点を突かれて狼狽する相手方に譲歩を迫る交渉術

［Sample］

X＝不同意わいせつ罪の被害者Aから示談交渉を受任した弁護士

Y＝不同意わいせつ罪の加害者兼被疑者Bから示談交渉を受任した弁護士

＊　＊　＊

X　示談交渉に入る前に、一言いいたいことがあります。15分も遅刻したのにお詫びがないのは納得がいきません。

Y　電車が事故で止まったためです。ニュースでも流れていたので、ご承知のことと思いましたが。

X　私は、A本人とともに15分前にこの場所に来ているのです。時間ギリギリに到着すればよいと考えているから、ちょっとの電車事故で遅刻するのではありませんか。大切な示談交渉であれば、時間に余裕を持って出かけるのが社会人としてのエチケットですよ。

Y　それは申し訳ありません。

A　本日は示談の話をする気になれませんから、このままお別れしたいと思います。

X　このようにAもいたく立腹しておりますから、そうしましょう。

Y　それは困ります。Bは勾留期限が数日後に迫っており、できる限り早くAさんと示談を成立させて検察官に示談書を提出し、起訴猶予に持っていきたいのですよ。

X　お気持ちは分かりますが、すべては遅刻したことが悪いのではありませんか。

Y　（遅刻が原因で示談が流れたなどとBに報告することはとてもできな

い）重ねてお詫びしますが、何とか本日示談の話を進めてもらえませんか。

X　そこまでいわれるのなら、示談についての話をすることにしましょう。

A　示談交渉には応じますが、私の精神的苦痛は増すばかりです。それなりの金額の提示をしていただかないと到底納得できません。

Y　そのつもりでおります。

[Comment]

弱点を探して執拗に攻撃をしてくる人はたくさんいますが、その弱点が言い訳の利かないミスであった場合は、一定の譲歩をせざるを得ないことが多くなります。そのような言い訳の利かないミスの代表例が遅刻です。遅刻は、交通機関の事故、前の仕事の予想外の長期化等が原因となっているのが大半であり、時間を間違えたような例は少ないと思われます。しかし、原因が何であれ、「大切な交渉なのだから、あらかじめ時間の余裕を持って出かけるのが社会人の常識でしょう」等といわれれば、ぐうの音も出ません。

アラ探しは、時に因縁を付けることにもなりかねませんが、そうでない限り、交渉において相手方の弱点を突くのは当然のことです。訴訟でも、相手方の弱点を探し出してそれを突いていくのは至極当然の行動です。「傷口に塩を塗る」というと、情け容赦ない冷酷非道な行為のような印象がありますが、実は、多用されているわけです。

16 凸凹ペア術

相反する態度をとる２人の弁護士がペアを組み、１人が攻撃的に、もう１人が親和的に接することによって、穏健的な態度をとる者が提示する要求を受諾するように迫ったり、さらなる譲歩を引き出す交渉術

［Sample］

X1＝Ａ社から営業損害の賠償請求交渉を受任した弁護士

X2＝同じくＡ社から受任した弁護士（X1の後輩弁護士）

Y＝Ｂ社から営業損害の賠償交渉を受任した弁護士

＊　　＊　　＊

X1　Ｂ社さんの部品が届くのが遅れたためにＡ社は大きな損害を被りました。本日は、その協議をするために参りました。

X2　Ａ社の社長は、Ｂ社さんの納品遅れにいたく立腹しており、Ｂ社さんとの継続的供給契約を破棄して、他社に切り替えるといっています。私は、Ｂ社さんの対応いかんでは、本日ここで継続的供給契約の即時解除を通告してもよいと考えています。

X1　まあまあ、そこまで話を一気に進めては協議にならない。まずは、Ｂ社さんがどのように考えているかをお聞きしましょうか。

Y　このたびの部品納入の遅れは、Ｂ社の生産ラインで故障が起きたためですが、その原因は、工場の動力配線の絶縁不良でした。動力配線の定期検査を怠ったためと認められますから、Ｂ社に債務不履行責任があること自体は争うつもりはありません。

X2　そうであるなら、Ａ社の損害は直ちに満額補填してもらわないといけませんね。Ｂ社さんの部品納品遅れによって、他社への転注、新規受注の失注、完成品納品先のペナルティなど多大な損害が発生し、軽く見積もっても5000万円ですね。

Y　そうなんですか。

X1　X2弁護士は、厳しい態度で本件を見ているものだから、MAXの金額かもしれません。しかし、私が見ても、3000万円は下りませんね。

X2　いや5000万円は下りませんよ。

Y　いずれにしても、損害の明細をご提示いただければ、X1先生がいわれる3000万円は最低限の賠償額と考え、誠実に対応させていただきます。

[Comment]

漫才では、ボケとツッコミがペアを組んで話術を盛り上げますが、同じように強硬派の人と穏健派の人とがペアを組んで交渉に臨むことがあります。映画やテレビドラマの中で、反社会的勢力が親分と子分とでペアを組み、子分の若い衆が大声ですごんでいるのを制止ながら、親分が「マアマア静かにせい」「しかし、ここで誠意ある対応をしないとこの若いもんが何をするか分かりまへんで」と攻めてくるシーンを見たことがあるのではないかと思います。しかし、[Sample］のようなペアの弁護士の言葉には、その裏付けとなる証拠がある限り、特段の問題があるとは思われません（これに対し、X1とX2とが事前に示し合わせて根拠のない金額を主張し合うことにしていたのであれば、信義に反する不誠実な行動になるでしょう)。

対応する側としては、穏健派を演じている弁護士のいうことに簡単に乗らないことが肝要です。

17 目には目を術

敵対的・攻撃的な態度で接してくる相手方に対し、ここぞというタイミングで一喝して相手方を怯ませ、以後の交渉をスムーズに進めさせる交渉術

[Sample]

X＝交通事故の加害者Aから示談交渉を受任した弁護士

Y＝交通事故の被害者（クレーマー）

＊　＊　＊

X　本日はAが脇見運転をしたためにYさんが運転していた自動車に追突した交通事故の示談に参りました。

Y　ぶつけた張本人のAは来ないのか。

X　示談交渉ですので、私がすべての委任を受けております。

Y　じゃあ、おまえがまず謝罪しろ。

X　私は法律問題の解決を依頼されたのであって、謝罪を依頼されてはおりません。

Y　人の車に追突しておいて謝らないの。そんなやつとの示談はごめんだね。

X　そうですか。それでは、このまま帰ることにします。

Y　待てよ。金額の話もしないで帰るのかよ。

X　あなたが謝罪がなければ示談はしないとおっしゃられたから、それに従ったまでです。

Y　言葉のあやだよ。いくら出すんだよ。

X　まず、修理会社の見積書をとっていただきたいと思います。

Y　いやだね。俺の車だから修理しようとしまいと自由だろ。

X　それでは示談の額の提示ができません。

Y　いくら出すんだよ。俺は被害者だよ。被害者のいうことは黙って聞

けよ。

X　無理難題もいい加減にしてください！！　あなたとは話し合いになりませんから、調停を起こすことにします。これで失礼します！

Y　……。

[Comment]

敵対的・攻撃的な交渉態度を示す相手方に対して、意表を突く一撃を与えて怯ませ、以後の交渉をスムーズに進める方法は、テレビドラマの『遠山の金さん』の「背中の桜吹雪が目にへえらねえか」のシーンや『水戸黄門』の「この紋所が目に入らぬか」のシーンを彷彿とさせます。

ただ、意表を突く一撃をするかどうかは、相手方の性格や属性を十分に見極めてから決定すべきです。こちらの一撃に対応して相手方が攻撃的・敵対的な姿勢をより強固にしてしまう可能性があるからです。

18 責任放棄術

最初は自分に最終決定権があるかのように振る舞って相手方の手の内を聞き出し、交渉の最後になるや突如自分に決定権がないことを伝え、呆れた相手方からさらなる譲歩を引き出す交渉術

[Sample]

X＝不貞行為をした夫Aから妻Bとの離婚交渉を受任した弁護士
Y＝夫Aに不貞行為をされた妻Bから離婚交渉を受任した弁護士

＊　＊　＊

X　本日は、不貞行為を働いたAがBさんにお支払いする慰謝料の金額について協議させていただき、できれば結論を得たいと考えております。Aとは事前に十分に打ち合わせをしており、私にすべてを任せるといっております。したがって、私のいうことはAの考えそのままとお受け取りいただいて結構です。

Y　分かりました。

X　BさんはAと離婚することにはご異存がないとお聞きしておりますが、それでよろしいのでしょうか。

Y　はい。Bに何度も確認しましたが、Aさんと夫婦を続けていくつもりはありません。

X　AとBさんとは結婚して間がなく夫婦共有財産もないので、財産分与もないということでよろしいでしょうか。

Y　それで結構です。

X　それでは、離婚の慰謝料ですが、200万円でいかがでしょうか。Aの不貞といっても、ごくわずかの期間のことであって、いまは相手の女性とも完全に関係が切れています。

Y　私は、それでも300万円が適正金額と考えています。

X　そもそもAには300万円の蓄えがありません。Bさんにお支払いす

る金額も、親から借りて調達するのです。

Ⓨ それでは、250万円で解決したいと思います。Aさんから全権を委任されているとのことですから、双方の中間である250万円でまとめたいと思います。

Ⓧ 困ったな。実は、Aの親は、200万円以上のお金を用意するつもりは全くないといっているとのことです。

Ⓨ 今さらそんなことをいわれても困ります。

Ⓧ Aは、200万円を拒否されたら、裁判をしてもらうほかないといっています。そこではBさんが主婦としての役割を果たしていなかったことを主張したいとまでいっています。200万円ならすぐにまとまりますが。

Ⓨ ……不満ですけれども、判例の傾向もB側に決して有利でないことを考えると、仕方がないのかもしれない。200万円で了解するようにBに話をしましょう。

[Comment]

この方法は、俗にいうきたない交渉方法です。最初は全権を委任されているとして相手方をその気にさせ、いざ相手方が手の内を明かすと、突如決定権がないと態度を翻し、相手方にさらなる譲歩案を呑ませようとするわけで、翻弄された相手方があきらめの境地になるのを待つわけです。この方法をやる弁護士は、狡猾極まりないと評価されますが、滅多にいないかといえば、そうでもありません。弁護士にとって一番信用できないのは案外同業の弁護士なのかもしれません。

なお、弁護士は、主張を頻繁に変える依頼者に手を焼くことがありますが、交渉相手に対してその伝え方を間違えると、弁護士自身が汚い戦術を使っていると非難されかねません。しかし、「依頼者が主張をコロコロ変えるので困っているのですよ」等と弁解し、それが何かの拍子で依頼者本人に伝わってしまうと修羅場になります。

19 打切り宣言術

> 交渉を重ねたところでこれ以上は譲歩できないと申し向けて交渉継続を一方的に宣言し、困った相手方に強く譲歩を迫る交渉術

［Sample］

X＝地主Aから借地権譲渡等の交渉を受任した弁護士

Y＝借地人Bから借地権譲渡承諾等の交渉を受任した弁護士

＊　＊　＊

X　借地権譲渡の承諾料と建物建替えの承諾料についての交渉を続けてきましたが、借地権の鑑定評価書も双方から出され、その違いも明確になりました。今後どのように進めていきましょうか。地主のAは、借地非訟の裁判でもいいといっていますが。

Y　AさんとB側の鑑定評価書の開きが予想以上に大きく、X先生がいう借地非訟の裁判になった場合に裁判所選任の不動産鑑定士がどちらに近い鑑定をするかが読めず、迷っています。

X　それは、こちらも同じですよ。ただ、Aは、自分の依頼した不動産鑑定事務所は、業界でも一二を争う名門なので、裁判でもその鑑定額がそのまま通るのではないかといっています。失礼ですが、Bさんの依頼した不動産鑑定士は聞いたことがありません。

Y　インターネットで調べて一番鑑定費用が安かった鑑定士に依頼したのですよ。そもそも、知名度で鑑定の良い悪いは決まらないでしょう。私が面会した限りでは、とても誠実な鑑定士でした。

X　そこまでいうなら、裁判にしましょうか。今日は、Aの依頼した不動産鑑定評価書の金額を1円たりとも譲歩しないことをお伝えしに来ました。

Y　そうですか。

X　裁判になっても、Bさんに有利な鑑定が出る可能性は極めて低いと

考えています。そんな一か八かの作戦は止め、裁判所に支払う鑑定費用を浮かせ、A側の鑑定書に沿った金額を基礎にして話をまとめる方が得策ではないでしょうか。Yさんも決断するときですよ。

Y ……分かりました。Bをできる限り説得してみましょう。

[Comment]

強気の交渉をした経験は誰にもあると思いますが、一発勝負にすべてかけるつもりでないと失敗します。強気の交渉を選択する経緯はさまざまですが、交渉する弁護士の性格による場合は、何もいうことはありません。そうではなく、依頼者が強気で交渉することを求めた場合にそれに呼応してよいかということの方が大切です。

依頼者の中には、本来は気が強い性格でないのに、弁護士がついたために気が大きくなり、弁護士をあおる人がいます。そのような依頼者が強気の交渉を求めた場合、弁護士は、強気の交渉のメリットとデメリットをよく説明し、そのうえで強気の交渉が失敗したときには自己責任であることを自覚させるべきです。弁護士の強気の交渉が失敗したとき、依頼者から、弁護士の技量が拙劣だからとして攻められる可能性があることに注意すべきです。

強気の依頼者には、「弁護士にとって話を壊してくるのは実に簡単なことです。本当に難しいのは、話をまとめることですよ」「あなたのいっていることをそのまま伝えて現実に話が壊れたときに、私のせいだとはいわないでくださいよ」という台詞が必須です。

20 ポーカーフェイス術

内心では弱点があることを承知しながら対外的には弱点はないと見得を切り、相手方には強気だと印象付けて譲歩を獲得する交渉術

[Sample]

X＝A社から預入れ資材の返還請求交渉を受任した弁護士

Y＝B社から預かり資材の返還交渉を受任した弁護士

＊　＊　＊

X　A社の依頼を受けて、B社さんに対する預入れ建築資材の返還交渉に参りました。A社としては、B社さんが指定した時期までに建築工事を終える見込みが立たなくなった以上、請負契約を解除するほかないと考え、先日解除の内容証明郵便をお送りしたとおりです。そこで、預け入れた建築資材を直ちに返還していただきたいと思います。A社は、とにかく迷惑を被った被害者です。

Y　B社も工事完了が遅れたことは申し訳ないといっています。解除の内容証明郵便も受け取りましたが、争う理由もありませんから受け容れることにいたします。ただ、B社としては、一部とはいえ建築工事をしていますから、民法634条に基づいて、請負報酬の一部をお支払いいただくことができると考えています。

X　民法634条の定めは承知していますが、A社としては、とにかく預け入れた建築資材の返還を受け、次の業者への引き継ぎを急いでいます。B社さんの完成部分に関する報酬問題は、建築工事が遅れたことによるA社への損害賠償の問題もありますから、それと合わせて協議しましょう。

Y　工事代金の一部を支払う考えがあるということでしょうか。

X　踏み倒すようなことはしません。ただ、工事遅延に伴う損害賠償債権と相殺処理しますから、満額を支払うわけでないことはご理解く

ださい。

Y 分かりました。そうであれば、損害賠償問題をこれ以上大きくしないためにも、預かり建築資材を返還することにいたしましょう。

[Comment]

B社は、請負報酬請求権を被担保債権とする商事留置権を主張し、建築資材の返還を拒否することができました。Y弁護士が商事留置権を承知していたかどうかは不明という設定にしていますが、この商事留置権はA社の弱点といってよいでしょう。X弁護士の交渉は、弱点をおくびにも出さないものとなっています。

交渉当事者の一方のみに有利な事情があるケースは、少ないといってよいでしょう。紛争が起きたことについては両当事者それぞれに何らかの原因があるのが普通といってよく、一方に主たる原因があっても他方にも何らかの弱点があるのが一般です。そのような場合に、弱点をきちんと認識しつつ、交渉現場ではそれをおくびにも出さない強気の姿勢を示すやり方は、結構多いといえます。いわゆるポーカーフェイスというものですが、内心は、ビクビクしているわけです。それを見破るのは容易ではありませんが、少しでも兆候があれば弱点を追求していかなければなりません。

そのような研ぎ澄まされたカンは、一朝一夕には体得できませんが、場数を踏んでできる限り多くのカンを養っていきたいものです。

21 前言撤回術

以前に行った提案をことさら撤回して謝罪したうえで、困惑した相手方からさらなる譲歩を引き出す交渉術

［Sample］

X＝相続人Aから遺留分侵害額請求の交渉を受任した弁護士

Y＝相続人Bから遺留分侵害額の交渉を受任した弁護士

＊　＊　＊

X　AのBさんに対する遺留分侵害額の請求金額をそろそろ決めたいと思います。Aは、私が作成した遺留分算定基礎財産一覧表を概ね納得していますから、合意書の作成が可能だと思います。

Y　Aさんは、Bに対する被相続人からの生前贈与がもっとあったはずだといっていたのではありませんか。

X　確かにそうなのですが、私が生前贈与の証明ができるのかを問い詰めたら、難しいとのことでしたので、あきらめていると思います。

Y　こちらもX先生が作成した基礎財産一覧表に異議がありませんから、それに基づいて計算した侵害額を支払うことでよろしいでしょうか。

X　結構です。それでは、私が合意書の案を作成しましょう。

（数日後）

X　申し訳ありません。Aに合意書の案を示したら、「とんでもない。生前贈与の額が全く納得できない」とのことでした。

Y　それでは、裁判になるのですか。Bは、裁判でもいいといっていますが。

X　私がAと緊密に連絡を取り合い、基礎財産一覧表も丁寧に説明していれば、こんなことはならなかったと思います。すべては私の責任です。ついては、Aをこんこんと説得しましたので、前に基本合意に達した金額に○○○万円を上乗せした金額で了解していただけま

せんでしょうか。

Y 大丈夫なのですか。

X ここにA直筆の一筆がありますから、大丈夫です。

Y 分かりました。Bとしても、早く解決したいので、○○○万円の上積みを了解することにします。

[Comment]

前の提案を撤回して謝罪をし、そのうえで相手方にさらなる譲歩を求めるやり方は、きたない交渉方法の典型例です。前の提案を撤回する理由が虚偽であったときには、詐欺罪が成立しかねません。[Sample] のような事態に本当に直面したときは、後日同じような背信行為を繰り返す可能性を否定できませんから、交渉を打ち切り、裁判に移行することにすべきでしょう。この方法を使う弁護士は、「あの弁護士は前言を簡単に撤回するから気をつけなさい」と噂されることを覚悟すべきです。

なお、前言撤回術を使ったとして、いわれのない非難を受けることがあります。交渉の相手方から突然「この前言っていたことと違いますね」「前言を翻すのですか」と非難されるケースです。「そんなことを言った記憶はありません」「それはあなたの聞き違いです」等と反論しようものなら、「私が嘘をついているとでもいうのですか」「ずいぶん汚い手を使うんですね」等と詰め寄ってきます。こういう場合は、「ここで言った言わないの論争をするつもりはありません」と宣言して、さっさと交渉を切り上げるに限ります。

22 二枚舌術

> 交渉の依頼者と打ち合わせ済みの譲歩案をことさらに違った形で伝え、相手方の手の内を探る交渉術

[Sample]

X＝A社から売掛金請求の交渉を受任した弁護士

Y＝B社から買掛債務の支払交渉を受任した弁護士

＊　　　＊　　　＊

X　本日は、A社のB社さんに対する1500万円の売掛債権の支払方法について、協議させていただきます。

Y　約束の返済期日を過ぎてしまっていることはB社から聞いております。社長も、期待した商品の売上げが伸びず、ご迷惑をおかけしていることは本当に申し訳ないと申しております。ただ、B社も資金繰りが厳しく、分割でないと返済できないのが現実なのです。

X　A社の役員と十分に協議してきましたが、長期の分割払いには応じないという基本方針を立てております。一括またはせいぜい3回程度の分割で支払をお願いいたしますが、支払総額については若干の減額に応ずることにいたします。しかし、支払総額1400万円でなければ妥結しないといわれております（実は、1000万円を短期分割で支払わせれば十分という結論を得ていた）。

Y　それはB社にとってありがたい話ですが、総額1000万円を5回分割でお願いできませんか。

X　500万円も減額することは到底受け容れられません。しかし、お話しを伺うとB社さんの資金繰りもかなり厳しいようですから、最大300万円を減額して1200万円の3回分割ではどうですか。

Y　それでも難しいです。B社は、キャッシュフローが続かず、倒産してしまいかねません。

X　A社としてはB社さんを倒産に追い込むつもりはありませんが、反対に慈善事業をするつもりもありません。1000万円を5回分割で支払えるのなら、少し頑張れば1200万円を3回分割で支払うのは簡単なのではありませんか。

Y　そんなことはありません。1か月300万円が精一杯とのことです。

X　そうですか。それなら、1200万円を4回分割で支払えるというわけですね。

Y　頑張ればなんとかなると思います。B社の社長の了解を取り付けるように努めてみましょう。

[Comment]

海外旅行先の土産物店で、

店主「これはとてもいいものですよ。300ユーロにまけておきますよ」

お客「高いね。半分の150ユーロなら買うよ」

店主「そんなに安くなりませんよ」

お客「じゃあ買うのを止めた」

店主「思い切って200ユーロでどうですか」

お客「まだ高いね。180ユーロでどうだ」

店主「いいよ（ニンマリ）」

という経験はないでしょうか。これぞ誰もが経験し得る身近な駆け引きの場面ですが、法的交渉の場面でも、同じようなことが起こります。

相手の手の内をいち早く見抜いた方が勝ちですが、欲をかいて深入りすると「それならいいよ」といわれて失敗します。交渉の醍醐味といえばそれまでですが、弁護士の場合は、失敗がなかなか許されないのが難しいところです。

❷❸ 伝書鳩術

「依頼者はこう言っています」を繰り返し、妥協点を探ろうとする相手方に対しても「依頼者はこう言っています」の一点張りとして、呆れ果てた相手方に自己の案を渋々受諾させる交渉術

［Sample］

X＝相続人Aから亡Qの遺産分割の交渉を受任した弁護士

Y＝相続人Bから亡Qの遺産分割の交渉を受任した弁護士

＊　　　＊　　　＊

X　亡Qさんの遺産分割方法を協議させていただきたいのですが、預金は相続分で分けるとして、土地建物についてはどうするお考えですか。私の依頼者の長男Aさんは、亡Qさんと同居していた関係で、代償金を支払って単独取得したいといっていますが。

Y　私の依頼者の長女Bは、Aさんはタダで亡Qの建物に住んでいたのだから、1日も早く出て行ってもらったうえで遺産の土地建物を売却し、その代金を2等分する考えです。

X　Aが工面できる代償金の額は2000万円なのですが、検討していただけませんか。

Y　Bは、建物は無価値だが、土地は最低8000万円はするといっています。半分は4000万円です。

X　Aは、独立した子どもにも支援を仰ぎましたが、2000万円を調達するのが精一杯でした。年齢を考えると、金融機関からの借入れもできません。何とかならないでしょうか。

Y　Bは、Aさんは、土地建物を売却した代金で郊外に土地建物かマンションを買えばよいではないかといっています。

X　先生がBさんを説得することはできませんか。

Y　Bがいっていることは無理難題ではないと思います。

X　そもそも、Bさんの8000万円の評価にも疑問がありますが。

Y　Bは、有名な不動産業者2社に対して査定を依頼したといっています。私も見ましたが、8000万円は妥当だと思います。

X　一度Aと相談させてもらえませんか。

Y　Bの考えは変わりませんよ。

（2週間後）

X　Aと協議しましたが、3000万円を調達することができそうです。この金額でBさんを説得していただけないでしょうか。

Y　Bは、4000万円は絶対に譲歩しないといっています。

X　Y先生ご自身はどう考えているのですか。

Y　私は、依頼者の意思を忠実に実現するだけです。弁護士の仕事はそういうものだと思います。

X　妥協点を探る努力はしていただけないのですか。

Y　Bは、4000万円は絶対に譲歩しないといっています。土地建物を売却すれば、8000万円以上になるはずだとのことです。私は、それを忠実に伝えるだけです。

X　もういいです。

[Comment]

「弁護士の仕事は依頼者の利益を最大化することのみにある」と考える弁護士の典型的交渉方法です。依頼者が放った伝書鳩のように、依頼者の意見を伝達するメッセンジャーとしての役割を忠実に果たしてさえいればよいのですから、さらにいえば、法律専門家としての意見も持たずに依頼者がいっていることを唯々一言一句違わずに再現するだけでよいのですから、頭脳を使うスキルとしての「交渉術」の一つにあげるのは誤りかもしれません。しかし、弁護士が、恥を覚悟で、故意に伝書鳩交渉を選択していることがありますから、ここで紹介する意味はあるのではないかと思います。

何も考えることなくこの交渉術を採用する弁護士は、裁判官から「早期の和解解決のために裁判所の案を示しますから、当事者を説得してくれませんか」といわれても、馬耳東風のことが多いと思われます。しかし、恥を覚悟で、あえて伝書鳩型の交渉をしている弁護士の中には、裁判官や調停委員にいわれると、「青菜に塩」のごとく従順になるタイプもいますから、不運を嘆く必要がないこともあります。

不幸にも純粋のメッセンジャー弁護士に当たったときは、さっさと任意の交渉は切り上げ、訴訟または調停等の裁判手続に移行してしまうほかないと思います。

弁護士の交渉学
事例にみる実践的交渉スキル

令和５年10月20日　第１刷発行

著　者　髙中正彦・川口智也・西田弥代

発　行　株式会社ぎょうせい

〒136-8575　東京都江東区新木場1-18-11
URL：https://gyosei.jp

フリーコール　0120-953-431
ぎょうせい　お問い合わせ　検索　https://gyosei.jp/inquiry/

〈検印省略〉

印刷　ぎょうせいデジタル株式会社

ISBN978-4-324-11309-7
（5108889-00-000）
〔略号：弁護士交渉学〕